KB020740

안경이
인생을
바꾸다

일러두기

1. 이 책에서는 '의료기사법 중 안경사 관련 조항'을 편의상 '안경사법'이라 칭한다.
2. 안경사는 의료기사가 아니지만 단독 법이 없어 의료기사법 개정 법률안(1987) 13조의 3과 부칙에 안경사 제도 관련 조항을 신설하였다. 이후 의료기사법은 1995년 '의료기사등에관한법률'로 변경되었다.
3. 대한안경인협회는 1990년 대한안경사협회로 전환되었으나, 1995년 안경인협회를 잇는 것으로 규정했으므로 안경사협회로 통칭한다.
4. 이 책에 게재된 내용은 당시 신문기사, 월간 안경계, 대한안경사협회 문서 등과 같은 기록물과 제9대, 12대 협회 및 시도지부 임원들의 증언에 따라 사실에 입각하여 정리했다.

안경사라는 직업을 만든 사람

안경이 인생을 바꾸다

김태옥 지음

나누는 기쁨,
행복한 세상을 만드는

김태옥 박사의 열정 이야기

도서출판
에이피피
커뮤니케이션즈

시호비전 봉사단, 라이온스클럽과 함께한 사랑의 안경 봉사, 서울 중랑구청

안경사라는 직업을 만들다

"당신의 직업은?"
"나는 의사입니다."
"나는 약사입니다."
"나는 안경사입니다."

몸이 천 냥이면 눈이 구백 냥이라는 말이 있듯이 몸의 구백 냥을 담당하는 안경사는 세상 어떤 직업보다도 훌륭한 직업이다. 나는 지금껏 살아오면서 가장 잘한 일을 꼽으라면 국민 안보건을 위해 안경사법을 도입, 안경사라는 직업을 만든 것이라고 생각한다.
안경과 인연 맺고 여러 경험을 하며 내 인생은 크게 바뀌었고 안경은 내 삶의 중요한 부분이 되었다. 특히 안경사협회장으로서 안경사 제도를 확립하여 국민 안보건과 안경사라는 직업의 태동, 안경 학문 및 산업 발전의 길을 연 것은 내 인생 가장 큰 보람이다.

안경은 시력을 개선하고 눈을 보호할 뿐만 아니라 세상을 밝고 바르게 보게 하고, 패션의 하나로 개성을 표현한다. 스마트폰과 같은 시력을 약하게 만드는 전자기기와 노년의 삶이 길어지면서 안경은 더욱 중요해졌다.

안경사 제도는 안경사뿐만 아니라 우리 삶에도 큰 영향을 주었다. 바르고 편리한 안경 착용으로 삶의 질을 높였고, 패션 안경을 통해 자신감 있고 멋진 모습을 표현하는 삶을 열어주었다. 안경사 제도는 이런 좋은 서비스를 가능하게 만들었다.

나는 내 생의 큰 축을 이루고, 한국 안경 역사에서 가장 중요했던 안경사 제도 도입 당시를 기록으로 남기고자 한다. 지금은 당연한 안경사라는 직업이 어떻게 만들어졌는지, 안경학 및 안경산업, 그리고 패션에 이르기까지 어떤 영향을 미쳤는지 서술하고자 한다.

이 책을 통해 국민 안보건을 위해 달려온 우리 안경 역사를 돌아보고, 안경사들이 자부심을 가지고 안경업계가 더 발전할 수 있는 계기가 되었으면 한다.

1989년 내가 대한안경인협회 9대 회장으로 취임할 당시, 안경업계는 한마디로 혼란 그 자체였다. 국회와 보건복지부 등이 훌륭한 안목으로 국민 안보건을 위해 의료기사법 개정 중 안경사 관련 조항(안경사법)을 마련했으나, 입법 취지에 맞지 않는 문제 조항이 있었다. 가장 대표적인 조항이 안경원에서 시행하던 시력검사가 의사 처방이 있어야만 가능하다는 것이었다. 국민 안보건이라는 입법 취지에 맞지 않는 이 제도는 도입될 수 없었다.

1989년 9월 28일 서울 88체육관, 만오천여 명의 안경인이 '안경사법 재개정 및 안경사 국가자격시험 거부' 전국결의대회를 위해 모였다. 안경업계 최초로 전국의 모든 안경인이 임시 휴무하고 한자리에 모인 이날은 지금도 '안경사의 날'로 기념되고 있다.

짧은 시간이지만 모든 것을 걸고 노력한 끝에 그해 12월 18일 국회 본회의에서 여야 만장일치로 안경사법 재개정안이 통과되면서 국민 안보건을 위한 안경사가 태동하였다. 이후 전국 각 대학에 안경광학과가 급증하여 석·박사 과정까지 개설되었고, 안경 산업과 패션에까지 큰 영향을 미쳤다.

안경은 백과사전에 "안경렌즈와 테로 이루어져 있다"라고 정의되어 있다. 안경사는 안경사법에 의해 안경을 조제, 판매하는 직업이다. 그런데 1994년 "안경테는 누구나 판매할 수 있다"는 유권해석을 받아낸 것은 안경사법 입법 취지에 맞지 않았다.

입법 취지대로 안경사가 안경, 즉 안경렌즈와 테를 판매하면 될 것을, 국민 안보건에 미칠 영향을 고려하지 않고 안경테를 누구나 판매하도록 유권해석을 받아냄으로써 업계 대혼란을 야기했다. 입법 당시 실무 책임자가 "안경사가 아닌 안경'알'사냐"고 말할 정도였다.

나는 이 문제를 해결하기 위해 1995년 12대 회장으로 재취임했다. 관련 부처를 방문하여 끊임없이 설득하고 협의하였다. 안경사의 위상을 높이는 다양한 사회공헌활동도 전개했다. 그러던 중 구성원의 이익을 대변하는 협회장으로서 협회 업무로 인해 고통을 겪기도 했다. 유권해석 문제는 여전히 미완의 과제로 남아 있다. 국민 안보건을 위해 언젠가는 안경업계가 꼭 해결해야 할 숙제라고 생각한다.

입법 취지대로 안경사라는 직업이 위상을 갖추고, 미래에도 중요한 직업으로 자리 잡도록 안경업계는 모두 힘을 모아야 한다. 안경사라는 직업을 만들던 당시의 소중한 의미를 되새겼으면 한다.

이 책은 크게 두 부분으로 나뉜다. 1~3부는 '나의 안경 이야기'로 안경과 시력우선봉사를 첫째 사업으로 규정한 라이온스와의 인연, 안경사법 도입을 위한 각고의 노력, 사회공헌활동 이야기를 담았다. 4부는 2부에 개제된 안경사협회 9대, 12대 회장 재임 당시 활동을 상세하게 정리하였다. 안경사법 개정과 유권해석 철회를 위해 노력한 과정 등을 당시 기록을 통해 살펴볼 수 있다.

안경사라는 직업을 만든 사람으로서 당시 태동을 함께한 협회 임원, 시도지부장, 분회장, 대책위원을 비롯한 모든 관계자들에게 감사드린다. 특히 부웅규 제주지부장, 고인인 김회병 부산지부장, 윤태환 경기지부장(이상 당시 직책)에게 감사드린다.

일일이 열거할 수는 없지만 우리 뜻을 이해하고 법 개정에 협조한 정치인, 행정부 관계부처 담당자에게도 감사드린다. 뚜렷한 소신으로 안경사 탄생이 가능하도록 해준 박기준 당시 보건사회부 의료제도과장에게 특별히 감사드린다.

마지막으로 열정 많은 사람을 남편으로, 아버지로 둔 덕에 마음고생 많았던 아내 남숙희와 네 자녀 민지, 현지, 현진, 정욱에게 사랑과 고마운 마음을 전한다.

2017년 12월

저자 김태옥

양승조
국회 보건복지위원회 위원장

'몸이 천 냥이면 눈은 구백 냥'이라는 말이 있을 정도로 눈은 우리 몸에서 가장 중요한 기관입니다. 국회 보건복지위원장으로서 이처럼 중요한 국민의 안보건 향상을 위한 안경사 제도를 도입하기 위해 끊임없이 노력한 김태옥 회장의 저서 출간을 축하합니다.

김태옥 회장은 보건복지부가 국민 안보건을 위해 도입한 안경사 제도의 입법 취지를 살리기 위해 법률 제정에 필요한 여야 국회의원, 관련기관 모든 분을 만나 설득과 이해를 구해 1989년 12월 18일 국회 본회의에서 여야 만장일치로 시행 전 안경사법 입법 취지대로 개정, 통과되어 국민 안보건 확립은 물론 안경사라는 직업이 탄생했습니다. 이로 인해 우리나라 안경 학문과 산업은 급속도로 발전했습니다.

우리나라 안경사 제도는 OECD 국가 중에서도 우수하며, 일본도 갖지 못한 좋은 제도로 알고 있습니다.

안경사 제도 확립을 위해 불철주야 노력하신 김태옥 회장과 당시 임원들에게 특별히 감사드립니다. 모든 안경사가 이 책에 담긴 노력과 정신을 이어받기를 바라며, 김태옥 회장님의 발전을 진심으로 기원합니다.

원혜영
국회정치개혁특별위원장, 국회의원

김태옥 회장이 심혈을 기울여 기술하신 안경이 인생을 바꾸다 발간을 진심으로 축하합니다.

'과거는 미래의 거울이다'라는 말도 있지만, 우리가 걸어온 지난날의 발자취는 단순한 옛 일이 아니라 현재를 관통하고 미래를 디자인하는 결정적 요인입니다. 어느 분야든 건강하고 희망찬 미래, 새롭고 전향적 발전을 이루기 위해서는 과거의 일을 올바르게 기록하고 의미와 가치를 명확히 해두는 작업이 필요합니다.

이 책은 국가가 도입한 안경사 제도의 역사적 배경과 도입과정을 기록했습니다. 김태옥 회장 개인의 저서를 넘어 우리나라 보건행정 역사에서 안경사 제도 도입이 갖는 의미와 가치를 담아낸 소중한 자료입니다.

우리나라 안경산업은 선진 교육시스템을 도입하고 우수 인재를 육성하면서 한 단계 발전했습니다. 안경사 제도를 도입하고 발전시키기 위해 특단의 노력을 기울여 오신 김태옥 회장의 공로가 큽니다. 김태옥 회장의 발전을 진심으로 기원합니다.

서청원
국회의원

오랜 지인 김태옥 회장의 저서 출간을 진심으로 축하합니다.

민주평화통일자문회의 운영위원과 통일희망나눔재단 이사장으로 활동하며 통일운동에 헌신하고 있는 김태옥 회장은 '나누는 기쁨, 행복한 세상'을 모토로 국제라이온스협회 총재 및 의장을 역임하면서 다양한 봉사활동을 펼쳐왔습니다.

특히 대한안경사협회 제9대, 12대 회장을 역임하면서, 국민 안보건 향상과 안경산업 발전을 위한 안경사 제도를 도입한 장본인인 김태옥 회장은 안경사법 도입을 위해 저를 비롯하여 여야 국회의원, 보건복지부 등 관련부처 관계자들을 일일이 만나 설득했습니다. 이 책은 김태옥 회장 개인의 이야기이기도 하지만, 그보다 앞서 안경사 제도 관련 역사를 바로잡는 책으로서 가치가 높다고 할 수 있습니다.

김태옥 회장은 국민 안보건 향상을 위한 안경사 제도 도입을 비롯하여 국가와 국민의 건강과 발전, 나누는 기쁨과 행복한 세상을 실천하는 '영원한 라이온, 영원한 안경사'입니다.

이번 저서 발간을 계기로 김태옥 회장이 국민 안보건 향상을 위해 더 큰 역할을 해주시기를 기대합니다.

김병묵
신성대학교 총장

김태옥 회장과의 인연은 대통령직속 헌법기관인 민주평화통일자문회의 17기 운영위원으로 함께 활동하면서부터입니다. 통일희망나눔재단 이사장인 김 회장님은 우리 민족의 숙원인 통일을 위해 그 누구보다도 헌신하고 있습니다. 특히 대한안경사협회장으로서 국민 안보건 향상과 안경 학문과 산업 발전을 위한 안경사 제도 도입에 온 열정을 바쳤습니다.

김태옥 회장님은 항상 고마운 분입니다. 신성대학교 안경광학과 설립 당시 교수채용 심사위원으로 도움을 주셨고 지금까지도 학과에 필요한 실습 기자재를 적극 지원해주시고 있습니다. 지난해 연말에는 3억5천만 원 상당의 실습용 안경테도 지원해주셨습니다.

현재 전국 50여 개 대학에 안경광학과가 설립되어 있고 그중 10개 대학이 석 · 박사 과정을 두고 있습니다. 이 책은 안경사 제도의 역사적 사실을 정립함과 동시에 모든 안경사들에게 귀중한 사료가 될 것입니다. 이 책이 안경광학 발전은 물론이고 국민 안보건 향상에 크게 기여할 것으로 확신합니다.

안경이 인생을 바꾸다 출간을 축하드립니다. 늘 하나님의 은총이 함께 하시길 기원합니다.

김선순
수성대학교 총장

모든 열정을 쏟아 안경사 제도를 도입한 김태옥 회장님의 책 출간을 축하드립니다. 김태옥 회장님은 수성대학교 안경광학과 설립을 도와주셨고 우리 대학 전임교수 재임 당시 필리핀 검안대학과의 MOU 체결을 추진하셨습니다. 지원도 아끼지 않으셨는데, 지난해 말 3억5천만 원 상당의 실습용 안경테도 제공해주셨습니다.

만약 우리나라에 안경사 제도가 도입되지 않았다면 안경사라는 직업은 자리 잡지 못했을 겁니다. 물론 안경광학과도 존재하지 않았겠지요. 1989년 안경사 제도가 도입된 이후 안경사가 되기 위해서는 전문대학 이상의 안경광학과를 졸업하고 안경사 국가자격시험에 합격해야만 합니다. 이처럼 안경사 제도의 도입은 우리 안경산업과 학문에 지대한 영향을 미쳤습니다.

김태옥 회장님은 국민 안보건 향상과 안경 학문과 산업 발전이라는 숙원을 이끌어내신 분입니다. 회장님이 안경사 제도 관련 역사를 올바르게 전하기 위해 출간하는 이 책은 의미가 깊습니다. 이 책은 분명 안경 관련 분야와 단체에 큰 귀감이 될 것입니다.

국민 안보건과 안경 학문, 산업을 위해 남다른 열정을 보여주신 김태옥 회장님의 노력에 감사드립니다.

차례

3부 안경이 바꾼 세상

안경 학문과 산업 발전의 길 열다

나누는 기쁨, 행복한 세상을 구현하다

4부 기록으로 읽는 안경사 태동

협회장에 취임하다

9월 28일, 개정된 안경사법 반대 및 안경사 국가자격시험 거부

현 안경사 제도 도입

협회장의 강력한 리더십

1부 / 안경과의 만남

BEST SHAPES
FOR YOUR **FACE SHAPE**

CATEYE

SQUARE

ROUND

OVAL

HEART

ROUND

SQUARE

OBLONG

OVAL

HEART

OVERSIZE

ROUND

OBLONG

OVAL

HEART

AVIATOR

SQUARE

OBLONG

DIAMOND

HEART

WAYFARER

ROUND

OVAL

HEART

DIAMOND

인간의 수명을 바꾼 안경

'몸이 천 냥이면 눈이 구백 냥'이라는 말이 있다. 그만큼 눈은 우리 몸에서 가장 많은 역할을 담당하는 감각기관이다. 눈이 불편하면 생활이 불편하고 무엇 하나 마음대로 할 수 없다. 태어날 때부터 눈이 나쁜 경우도 있지만 대부분은 후천적이거나 나이가 들어 시력이 약해진다. 질병이나 사고로 눈을 다쳤다면 의료적 치료가 필요하지만 일반적으로는 안경을 이용하여 물리적으로 시력을 교정한다.

안경은 세상을 바꾼 100대 발명품 중 하나다. 주먹도끼부터 컴퓨터까지 세상을 바꾼 수많은 발명품에 당당히 이름을 올렸다. 안경은 100세 시대 필수품 중 하나로도 꼽힌다. 첨단 과학기술이 급속도로 발전하고 대부분의 생활정보가 컴퓨터와 스마트폰 등을 통해 시각매체로 전달되는 현대사회에서 사람들의 눈 건강은 더욱 중요시되기 때문이다.

대한안경사협회와 한국갤럽조사연구소가 2015년 실시한 '성인 안경 사용률'을 보면 만 18세 이상 성인남녀 중 안경 사용 인구는 47%, 콘택트렌즈 사용은 7%로 조사되었다. 1987년 안경착용률이 24.1%였던 것에 비교하면 약 2배 상승한 수치다.

현대사회는 식생활 개선과 의학 발전으로 인간의 평균수명이 연장되어 노년기에 사회활동을 하는 인구가 증가하고 있다. 교육수준 향상으로 문맹인이 감소되고, 조기교육과 시각매체 증가로 인해 시력보정용 안경과 콘택트렌즈의 수요도 날로 증가 추세다.

OECD 국가 중 우수한 안경사 제도

요즘은 주변에서 쉽게 안경을 살 수 있기 때문에 사람들은 대부분 안경의 중요성을 잊고 지낸다. 안경은 국가자격시험을 거친 안경사가 안경을 제조 판매하도록 법으로 규정하고 있다. 안경은 이제 시력교정을 벗어나 개성을 표현하는 패션 상품으로 진화했지만, 눈을 보호하고 교정하는 본래 의미가 사라진 것은 아니다.

국민의 눈 건강을 담당하는 안경사들은 전문지식과 고도의 숙련된 기술뿐만 아니라 시대 흐름을 읽는 감각까지 필요해졌다. 100세 시대, 안경의 중요성만큼 안경사의 사회적 역할도 더욱 커지고 있는 것이다.

미국과 유럽은 검안사와 안경조제사 시스템을 갖춰 체계적으로 활동하고 있지만 일본과 중국, 동남아시아 등은 아직도 국가자격 안경사 제도를 갖추지 못했다. 우리나라는 1989년 의료기사법 내 안경사법이 재개정될 때 시력검안 등 외국의 검안사 해당 업무를 담당하고, 안경의 조제와 판매 업무도 다룰 수 있게 했다. 1989년의 법률 재개정은 그만큼 한 단계 앞선 제도를 확립한 안경 역사를 바꾼 성과였다. 대한민국은 OECD 국가 중에서도 우수한 안경사 제도를 가지고 있다.

안경사가 되기 위해서는 전문대학 이상의 안경광학과를 졸업하고 필기와 실기로 이루어진 국가자격시험에 합격해야 한다. 매년 안경사 제도가 마련되면서 안경광학과가 급증하여 2017년 현재 2년제 2개교와 3년제 30여 개교, 4년제는 15개 대학에 달한다. 석·

박사과정이 있는 대학원도 10개가 설립되었다.

1989년 안경사 국가자격시험이 시행된 이래 2015년까지 28회에 걸쳐 총 3만8,482명의 안경사가 배출되었다. 제도 확립으로 안경 학문과 산업이 꽃을 피웠다고 할 수 있다.

나와 안경 이야기

가난한 시절엔 모든 생활 물자가 귀했다. 지금은 패션 아이템이 된 안경도 마찬가지다.

불과 몇십 년 전 아니 지금도 그런 일이 아예 없다고 할 수는 없지만 안경을 사는 데 돈을 쓸 만한 여유가 없던 가난한 시절에는 시력이 떨어져도 안경을 쉽게 쓰지 못하는 학생들이 많았다. 어르신들 가운데는 돋보기 하나 맞추는 것도 엄두를 내지 못하는 예도 많았다. 학교에 가보면 어느 교실이든 키가 커서 뒷줄에 앉아야 하는데도 잘 보이지 않아 앞자리에 앉는 학생들이 종종 있었다.

안경을 겨우 하나 맞추더라도 디자인이나 스타일을 따질 여유가 없었다. 안경다리라도 부러지는 경우엔 고칠 엄두도 내지 못해 테이프로 칭칭 감아 쓰는 친구들도 많았다. 지금으로선 이해되지 않는 모습이지만 그런 시절이 있었다.

안경 하나 사기 어렵던 시절을 지나 안경은 이제 시력을 교정하기 위한 기능의 도구만으로 머물지 않는 시대가 되었다. 시력이 좋든 나쁘든 안경은 자신을 표현하기 위해 착용하는 하나의 패션이

IBK기업은행 촬영

다. 이제는 희귀한 안경으로 멋을 낸 패셔니스타도 늘고 있고, 유명인이 착용한 안경은 유행을 이끌기도 한다. 패션과 스타일 상점에도 빠지지 않는 아이템이다. 렌즈 없이 안경테만 착용하는 사람이 있을 정도로 안경은 패션 그 자체가 되었다.

우리가 누군가를 떠올릴 때 안경은 마치 얼굴의 하나인양 이목구비와 함께 떠오른다. 시력보호이든 패션이든 안경을 즐겨 착용하는 사람은 안경을 빼고 그 사람 얼굴을 상상할 수 없을 정도다.

당장 텔레비전만 켜도 안경을 착용한 사람이 수없이 등장한다. 영화나 드라마, 연극을 보면 배역에 맞는 이미지를 만들기 위해 안경을 사용함을 알 수 있다. 안경 스타일 하나로 최하위층부터 학자, 기업인까지 다양한 개성과 분위기를 표현할 수 있다. 안경이 없었다면 이 수많은 캐릭터들은 표현하기 어려웠을지 모른다. 패션쇼에서도 안경이 다양한 패션 스타일을 완성하는 중요한 요소로 작용한다.

내가 안경 하면 떠오르는 인물이다 보니 어디서도 내 안경은 사람들의 이목을 끌기 마련이다. 오히려 나는 다른 사람의 안경에 관심이 많다. 간디, 스티브 잡스 등 유명한 인물 중에도 안경과 함께 떠오르는 인물이 많다. 나는 기회 있을 때마다 안경은 패션 아이템이라고 강조한다. 행사나 사석에서 지인들을 만나면 안경을 좀 더 편하게 착용할 수 있도록 권하고, 안경 스타일을 바꿔보기를 권한다. 안경 하나 바꿔 이미지가 훨씬 부드러워지거나 지적으로 보일 수 있기 때문이다. 더 젊어지고 또렷한 이미지를 가질 수도 있다.

안경은 평범한 사람을 카리스마 있는 인상으로, 강한 인상을 가진 사람은 부드럽게 보이도록 하는 마력을 지녔다. 자신이 하는 일과 연관되어 자신만의 스타일을 만드는 데도 안경은 일등공신이다. 어쩌면 안경이 당신의 인상이 아닌, 인생을 바꿀지도 모른다.

나는 안경이 기능을 넘어 패션이자 즐거움이 되기까지 많은 노력을 펼쳐 왔다. 안경을 통해 인생의 이정표를 찾고, 안경산업을 이끌고, 후학을 양성해 왔다. 안경으로 사회 곳곳을 환하게 만드는 사회공헌활동에도 시간을 아끼지 않았다. 이제 안경은 나의 자랑이자 보람의 원천이다. 우연히 인연 맺어 내 인생을 바꾼 안경은 내가 세상을 보는 또 하나의 창이 되었다.

시력을 보호하고 패션의 하나인 중요한 안경을 올바르게 사용하고 삶의 질을 높이는 데 기여한 것이 안경사법이다. 법정 제도인 안경사 제도를 도입한 장본인으로서 나의 안경 이야기를 지금부터 시작하는 이유이기도 하다.

안경, 그리고 라이온스와의 인연

내가 안경업에 뛰어든 것은 그야말로 우연이었다. 1984년 주래등 등 몇 개 사업체를 운영하고 있을 무렵 안경으로 인연 맺은 몇몇 지인이 안경원을 해보라 권유했다. 안경업에 아무 지식이 없어 처음에는 일언지하에 거절했다.

1 1996년 고려대학교 경영대학원 교수 초청 졸업 축하연. 함께 졸업한 정희자 여사의 부군인 김우중 대우그룹 회장도 참석했다.

2 1986년 서울동도라이온스클럽 회장 취임식

내가 아는 안경이란 그저 시력이 좋지 않은 사람들이 교정을 위해 착용하는 것이라는 기본 상식뿐이었다. 당시만 해도 안경원은 특별한 자격 없이 누구나 개원할 수 있었다. 지인들은 거듭해서 권했다. "지금은 돈이 없어 눈이 나빠도 안경을 착용하지 않지만, 앞으로 경제상황이 나아지면 안경을 찾는 사람이 늘어난다"는 뚜렷한 사업 전망을 내놓았다.

1984년 3월 입찰을 통해 잠실 교통회관에 올림피아안경원을 개업하게 되었다. 나와 안경의 첫 인연이었다. 지인들이 안경원의 인테리어부터 제품 진열, 판매, 종업원 채용에 이르기까지 모든 일을 알아서 처리해주었다.

태권도 대표선수에 해병대(훈련소 태권도 교관) 출신인 나는 무슨 일이든 시작하면 끝까지 집중하는 승부사 기질이 있다. 우연히 발을 들여놓은 안경업이지만 최대한 잘해내기 위해 안경의 모든 것을 공부했다. 안경원은 성공적으로 자리를 잡아가고 있었다.

안경원을 시작할 무렵 나는 약국, 정비공장, 대형 중식당, 화물터미널 등 다양한 사업체를 운영하고 있었다. 이 책에서는 안경 관련 사업과 활동에 집중하여 이야기하고자 한다.

1981년 세계적인 봉사단체인 라이온스와의 만남도 시작되었다. 국제라이온스협회의 최대 역점 봉사활동이 'Sight First(시력우선)'이니 세상의 빛을 선사하는 안경과 라이온스 활동은 운명처럼 비슷한 시기에 내게 다가왔다. 1986년 서울동도라이온스클럽 회장이 될 정도로 일찌감치 안경을 통한 사업과 봉사활동에 눈을 뜬 나는 지금까지도 안경으로 세상을 밝히는 데 온 마음을 다하고 있다.

안경원을 시작하기 전부터 나는 사업과 배움의 길을 병행하고 있었다. 고려대학교 경영대학원(1982년 37회 수료)에서 체계적으로 경영지식을 쌓고 그해 같은 학교 최고경영자과정에 입학하여 경영자들과 인맥을 형성하였다. 어려운 공부였지만 미래에 큰일을 하는 데 바탕이 된다는 일념으로 열심히 공부했다.

이후 여러 분야의 최고경영자과정을 거치며 배움과 인맥을 넓혀 왔다. 나는 최고경영자과정에서 경제인을 비롯한 다양한 분들과 교류하며 많은 지혜와 지식 그리고 친구를 얻었다. 2016년까지 20여 개 최고경영자과정을 졸업했으며, 특히 연세대와 카이스트의 최고경영자과정 총동문회장을 역임했다. 쉼 없는 배움에 대한 열정은 사업과 봉사활동을 추진하는 자신감의 바탕이 되었다.

2부

안경사라는
직업 탄생하다

1 1989년 9월 28일 '개정된 안경사법 반대 및 안경사 국가자격시험 거부 전국결의대회'. 대회 단상으로 올라가고 있다.

2 아내와 함께 국기에 대한 경례를 하며 결의를 다지고 있다.

구성원의 이익을 대변하는 협회장

"협회장을 맡아주십시오"

1989년 여름, 대한안경인협회 서울시지부 이익재 회장 등 안경인들이 안경원으로 찾아왔다. 전혀 안면이 없던 그는 나를 어떻게 알고 찾아왔던 것일까. 당시 협회 임원은 안경도매업에 오랫동안 종사한 사람들이 맡고 있었고, 나는 안경업에 뛰어든 지 5년밖에 되지 않았다. 나중에 듣기로는, 당시 안경업계의 어수선한 상황을 정리하고 협회를 이끌 인물을 백방으로 수소문한 끝에 사회적 경험과 인맥을 갖춘 인물이라는 확신을 갖고 찾아왔다고 한다.

이들은 안경사 업무범위 등이 문제가 있고 이를 해결하기 위해 안경인들의 단합된 힘이 필요하며 내가 앞장서주기를 바란다고 했다. 솔직히 나는 그때까지 안경업을 깊이 알지 못했기 때문에 그들의 절박함을 완벽히 이해할 수 없는 상황이었다. 거절 의사를 밝혔지만 그들도 끈질기게 나를 설득했다. 반드시 내가 나서야만 한다고 했다.

"이제 의사 처방이 있어야만 안경을 제조 판매할 수 있답니다.

안경사가 아니어도 안경원을 개설할 수 있고, 의사만 콘택트렌즈를 판매할 수 있고요. 국민들은 얼마나 불편할 것이며, 우리 안경원들은 또 어떻게 운영해야 합니까?"

간곡한 청에 나는 며칠간 심사숙고한 후 답을 주기로 했다. 우선 나는 안경업계가 어떤 상황에 놓여 있는지 자세히 알아보았다. 이미 안경사법은 제정되어 있었고 국민 안보건을 위해 모든 업무범위 등을 개정해야 하는 상황이었으므로 국회 및 주무부서와의 협의가 중요했다. 안과학회와 관련된 조항은 문제가 없는지도 따져보았다. 그 결과 성공과 실패 확률은 50대 50으로 예상되었다. 입법 및 법률 전문가에게 현재 상황을 상의한 끝에 타당성이 있다고 판단, 자신감을 갖고 협회장 제안을 수락했다.

1989년 9월 7일 제2차 임시대의원총회. 대한안경인협회 제9대 회장 취임식

안경사는 의료기사가 아니다
입법 취지에 맞지 않는 제도 제정

법으로 안경사는 의료기사가 아니라고 되어 있다. 안경사 국가자격시험에도 자주 나온다. 안경사는 의사나 치과의사 등 의사의 지도나 감독을 받지 않는 전문 직업이자 자율적으로 업무를 수행하는 직업군으로, 의료기사가 아니다. 이는 안경사법이 탄생할 당시 의료기사법 시행령 중 개정령을 살펴보면 명확히 알 수 있다.

당시 안경업계의 시장 상황은 한마디로 혼란 그 자체였다. 국민안보건이라는 입법 취지는 있었지만 시행령은 이를 실천하기에는 맞지 않았다.

안경사법은 자격이 없는 자가 함부로 안경이나 콘택트렌즈를 조제, 판매한다면 국민의 눈 건강에 해를 끼칠 수 있다는 반성에서 국민보건 향상을 위해 신설된 제도다. 안경이나 콘택트렌즈는 다른 의료용구 등의 판매업과는 달리 법적 자격이 있는 안경사만 판매하도록 규정한 것이었다.

불씨의 발단은 1987년 11월 28일 개정된 의료기사법이었다. 당시 안경사법의 입법 취지는 좋았는데 1989년 4월과 6월 시행령 및 시행규칙이 만들어지면서 국민 안보건은 위태로워졌고, 안경업을 하던 이들은 설 자리를 잃을 위기에 처했다.

안경사는 안경의 제조와 판매만 담당해야 한다든지, 아무나 안경사를 두면 안경원을 운영할 수 있다는 조항이 문제가 되었다. 게다가 면허 수수료를 3배나 인상하고 안경사를 하루 20개 안경을 제조할 때마다 한 명씩 두도록 했다.

국민 건강을 위한 안경사법의 입법 취지를 무시하고 안경사의 역할을 축소하는 조항이었다. 이런 상황에 강경파와 온건파가 대립하는 등 안경업계는 이렇다 할 해결책을 찾지 못하고 있었다. 당시 안경인협회 8대 집행부도 책임론에 휩싸여 옴짝달싹 못하고 있었다. 이홍원 회장은 임시총회를 열고 과감하게 자신을 포함한 집행부 전원의 사퇴를 단행했다.

1989년 9월 7일 제2차 임시총회에서 나는 만장일치로 제9대 회장에 추대, 취임했다. 책임이 막중했지만 겁나지 않았다. 태권도 정신으로 무장한 나는 하면 된다는 임전무퇴(臨戰無退)의 정신으로 밀어붙였다. 정의는 살아 있고 반드시 승리한다는 사실을 믿었다. 절박한 상황이었던 만큼 모든 것이 일사천리로 진행되었다.

안경사법의 입법 취지

1. 안경 착용인구는 날로 늘어나고 있고, 안경 조제에는 학문적·기술적 소양이 요구되고 있음에도 현재 안경점 개설과 안경조제에는 시설기준이나 자격제한이 없기 때문에 국민건강에 막대한 지장을 초래하고 있어 안경의 조제 및 판매를 담당할 '안경사' 제도를 신설하여 그 자격을 관리하고자 하며, 장애자에 대한 불공정한 법상 제한 규정을 삭제하고자 함.

2. 안경인의 신분법제화를 통해 그간 무자격자 등의 난립으로 인해 국민시력보호에 막대한 지장을 초래하던 것을 방지하고, 나아가 유통질서 확립과 전문직업인의 철저한 윤리의식 확립으로 국민시력보호에 앞장서기 위해 법률을 개정(안경사법은 제정)하고자 함.

협회장 추대·취임, 16일간 전국 순회 강행군

1989년 9월 11일 대구를 시작으로 '개정된 안경사법 반대 및 안경사 국가자격시험 거부 시도 결의대회'를 개최했다. 회장으로 취임한 지 4일 만의 일이었다. 그만큼 당시 상황은 위급했다.

"여러분, 우리 모두 힘을 모읍시다. 흩어지면 죽고 뭉치면 산다고 했습니다. 하루 이익보다 미래를 생각합시다. 9월 28일입니다. 서울 88체육관에 모입시다."

나는 모든 지역 결의대회를 개최, 참석하여 호소했다. 생업인 안경원을 문 닫고 결의대회에 참석해야 하는 그들이었다. 우리가 왜 한마음 한목소리를 내야 하는지 설명하고, 설득하고, 강조했다. 국민 안보건을 위해, 안경인의 미래를 위해 우리가 가진 모든 것을 던져야 한다고 열변을 토했다. 지금 생각해보면 그때 전국을 누빈 20여 일이 꿈만 같다. 정말 모두 대단한 열정이었다.

각 지역 결의대회장에서 나는 협회장으로서 자신 있고 열정적인 모습을 보였다. 현장에서 만난 안경인들의 열정과 의지를 보고 큰 감동과 힘을 받았다. 특히 시도지부장들은 마치 독립운동을 하듯이 절실했고 똘똘 뭉쳐 있었다. 내 인생을 전부 걸어서라도 반드시 성사시켜야겠다고 결심이 설 정도로 뜨거운 마음들이었다.

모두 처음 만나는 사람들이었다. 그런데도 중요한 일을 맡았다는 이유 하나만으로 나를 열렬히 지지하고 따르는 모습에 내 마음은 크게 움직였다. 나는 그들의 손을 잡고 "잘해보자, 집행부를 믿어달라"고 믿음을 주었다. 한 사람 한 사람의 열정과 지지가 보태어져 나는 더 자신만만해졌고 내 결심은 더욱 확고해졌다.

9대 회장에 취임하자마자 1989년 9월 11일 대구를 시작으로 전국을 순회하며 개최한 시도 결의대회

1989년 9월 28일, 서울 88체육관 주변에는 지방에서 대형버스를 타고 올라온 안경인들이 일찌감치 자리를 잡았다.

안경업계 최초
안경원 임시휴무, 88체육관에 모이다

전국 각지에서 펼쳐진 결의대회의 열기는 서서히 북상했다. 마침내 그 열기는 1989년 9월 28일 서울 강서구 화곡동 88체육관에 집결했다. 이날 안경원 문을 닫고 '안경사법 반대 및 안경사 국가자격시험 거부 전국결의대회'에 참석한 안경인은 1만5천여 명에 달했다. 애초 기대했던 사람보다 무려 5배 이상 많았다. 대회장이 비좁을 정도였다.

서울 · 경기 일대 안경인과 종사자들을 태운 대형버스를 필두로 강원과 전남, 대구, 부산 등에서 올라온 200여 대의 버스와 함께 승용차가 줄지어 서 있었다. 당시 경찰이 서울로 올라오는 고속도로를 막고 실랑이를 벌이기도 했다.

1만5천여 명의 안경인과 가족들이 몰리면서 88체육관 앞 도로에는 서도회 회원과 도매업 종사자들이 교통경찰과 함께 호각과 수신호로 교통정리를 하는 진풍경이 펼쳐졌다. 88체육관 측에 따르면 개관 이래 가장 많은 사람이 모인 행사였다고 한다. 대대적 모임에 매점의 라면이 동 나고 구내식당에는 갑자기 밀어닥친 손님으로 인해 일손이 딸려 발을 동동거렸다는 후문이다.

서울과 경기 일부 지역 안경인 중에는 아침 일찍부터 대회장에 도착, 결의대회 시작 전 여기저기서 각자가 지참해온 도시락을 먹는 모습이 눈에 띄었다. 이들이 얼마나 절박한지 보여주는 모습이었다. 비행기편을 이용한 제주지역(지부장 부응규) 회원들은

100% 참석률을 보였다. 결의대회가 시작되고 도착한 광주지역 안경인들을 환영하기 위해 대회장은 일시에 박수소리로 가득 차기도 했다.

대회장 밖의 뜨겁고, 활기찬 분위기는 그대로 결의대회장으로 이어졌다. 대회장 곳곳에 '100년 동안 해온 생업 왜 막나', '안경사도 광학적 굴절검사를 할 수 있도록 보사부는 책임져라', '콘택트렌즈 판매를 안과의사만 독점하다니 웬말인가' 등 우리 결의를 보여주는 문구가 담긴 가지각색 현수막이 걸렸다.

당시 전국결의대회장의 분위기는 안경사법을 개정하여 안경인이 원하는 안경사 제도를 정착하기 위한 염원으로 가득 찼다. 뜨거우면서도 엄숙한 결의에 찬 현장이었다.

체육관 바닥까지 꽉 채운 안경인들의 뜨거운 환호와 염원을 한 몸에 받고 단상에 오르면서 나는 가슴이 벅차올랐다. 지난 20여 일 전국 각지에서 만난 안경인들의 절실한 얼굴이 눈에 아른거렸다. 개인 일을 제쳐두고 보낸 열정의 나날이 한꺼번에 밀려왔다. 그들 모두에게 결연한 의지를 보여주어야 하는 순간이었다.

나는 강하게 안경업계의 운명을 건, '9. 28 안경사법 반대 전국결의대회' 대회사를 시작했다.

"오늘 여기 모인 전 안경인을 환영하기에 앞서 저는 비장한 각오로 이 자리에 섰습니다. 현 안경사법은 입법 취지에 맞지 않는 조항과 문제점으로 가득 차 있습니다. 모두 한목소리로 동참하여 바꿉시다."

나는 원고 없이 1시간 가까이 열변을 토했다. 사실 안경인들의 절실함과 열정이 이미 내 머리, 가슴 속에 가득했기 때문에 원고는 필요없었다. 절실한 마음에 현수막과 피켓을 들고 함성과 박수를 쏟아내는 안경인들을 향해 나는 우리가 이 자리에 모인 의미를 강조했다. 함께 입법 취지에 맞는 안경사법을 만들자고 연설했다.

대한민국 안경 역사상 가장 뜨거웠던 1989년 9월 28일, 안경사들이 보여준 단합된 힘은 그 후 안경사법을 개정하고 안경사라는 직업이 탄생하는 데 큰 영향을 끼쳤다. 이날 안경업계는 최초로 임시 휴무하고 한자리에 모였다. 나는 역사적인 이날을 기념하기 위해 이사회를 거쳐서 9월 28일을 '안경사의 날'로 제정(1990년 3월)했다.

1만5천여 안경인들의 뜨거운 환호와 함께 대회사를 시작했다.

9월 28일 이후 전략적 활동 이끌다

1989년 9. 28 전국결의대회는 모든 안경인을 한마음, 한뜻으로 뭉치게 하는 결정적인 원동력이 되었다. 이날을 계기로 우리는 안경사법 개정 활동에 박차를 가하기 시작했다.

지속적인 회의를 통해 전략과 전술을 세우고 대내외적으로 안경인들이 원하는 안경사법의 당위성과 국민시력보건 향상을 위한 최선의 방안이 무엇인지를 홍보하기 시작했다. 안경인의 주장에 동조하는 지원군을 점차 늘려갔고, 활동 속도도 가속이 붙고 활력이 넘쳐났다. 국민들을 대상으로 안경인들이 주장하는 안경사법 개정의 당위성을 알리는 등 대내외 활동을 이어갔다.

당시 통일민주당 김영삼 총재를 협회 임원들과 방문하여 당면과제를 설명하기도 했다. 우리는 국민 안보건을 위해 만든 안경사법의 입법 취지와 그 취지에 어긋나는 문제 조항을 개정해야 한다고 조목조목 설명했다. 김 총재는 당 내부 중진 국회의원들을 배석하도록 하여 국민이 불편하지 않도록 하라고 언급했다. 나는 협회 임원들과 통일민주당뿐만 아니라 각 당을 직접 방문하여 안경사법 입법 취지와 우리 입장을 설명했다.

이러한 안경인들의 열망에도 불구하고 보건사회부는 '제1회 안경사 국가자격시험 공고'를 발송했다. 9. 28 결의에 따라 시험을 거부하는 서명에 참여한 안경인은 응시자 11,000여 명 중에 9,611명이었다. 시험거부에도 불구하고 1989년 10월 22일 서울 은평구 충암고등학교에서 제1회 안경사 국가자격시험이 시행되었다. 시험

당일 나와 협회 임원들은 시험장에서 보이콧을 펼치다가 경찰에 연행되기도 했다. 호텔에 숨어 있다가 시험을 치른 사람도 있다지만, 결과적으로 안경인 대부분이 응시하지 않았다. 이날 응시자는 총 대상자 1만1천여 명 중 1,536명. 14%의 응시율에 그쳤다. 86%나 응시하지 않은 것이다.

내 예상대로였다. 그간 안경사법 개정을 위해 많은 안경인이 시험거부에 서명했기 때문에 시험이 제대로 치러지기는 어렵다고 판단했다. 이는 안경사 제도 자체의 존립을 위협하는 정도였다. 9. 28 결의대회에 이어 안경인의 단결력을 보여주는 성과였다.

전국 시도지부 임원들과 집행부 임원들은 전국을 순회하며 국회의원들의 서명을 받았다. 그 결과 지역구 국회의원 224명 중 80%가 넘는 183명의 서명을 받아내는 큰 성과를 거두었다. 만만치 않은 분위기에 보건사회부는 우리 목소리에 좀 더 귀를 기울이고 법 개정에 관심을 가지기 시작하는 등 안경사법 개정 법률안은 새로운 전기를 맞았다.

그렇게 우리는 수많은 현장을 순회하면서 안경인들을 독려하고, 관계기관 담당자를 방문하여 입법 취지를 바탕으로 현 시행의 문제점을 호소했다. 각 시도지부 임원들은 지역구 국회의원 서명까지 받아 주장의 근거를 만드는 등 거의 완벽에 가까운 전략적 활동이었다. 우리는 가시적 성과를 바탕으로 보건사회부와 안경사법 개정 법률안에 대해 끊임없이 논의하며 내용을 구체화하기 시작했다.

1989년 12월 18일, 안경사법 개정
여야 만장일치로 국회 본회의 통과
건국 이래 최초 안경사라는 직업 태동

1989년 11월 21일, 여당인 민주정의당은 당정 협의를 거쳐 안경사만의 안경원 개설, 안경사 업무범위 등 개정 시안을 발표했다. 당시 당정협의회의 당 대표자는 지금은 고인이 된 신진수 의원이었다. 시간이 촉박한 상황이었는데 당정협의회가 신속하게 개최되어 우리 의견을 피력할 수 있었다.

"일단 누구든지 안경사를 고용하면 안경원을 운영할 수 있다는 조항은 안경사만이 안경원을 개업할 수 있도록 개정했습니다. 또, 6세 이하를 제외하고 모두 자동굴절검사기기를 사용한 시력측정이 가능하도록 개정했습니다. 콘택트렌즈도 판매할 수 있도록 했습니다. 마지막으로 경과조치 제한기간도 1991년 6월 30일로 연장했습니다."

그동안 시력측정과 검사는 의사의 영역이었고, 안경사는 제조만 맡게 되어 있었다. 의사가 처방 내리면 약사가 약을 제조하는 것과 같은 시스템이었다. 이를 완전히 개정하여 국민 편의를 대폭 개선했다. 또, 6세 이하를 제외하고 시력측정은 물론 안경 제조까지 가능하게 했다. 당시 우리가 주장한 내용 대부분이 포함되었다. 안경인들이 그토록 염원했던 국민 안보건을 위한 입법 취지대로 안경사법 개정의 단초가 마련된 것이다.

11월 29일 안경사법 개정 법률안이 국회 사무처에 접수되었다. 이때부터 강경 일변도의 활동에서 국회의원과 보건사회부와 직접 만나고, 문서와 서류로 유화적으로 법 개정을 추진하는 전략으로 변경했다. 이에 따라 안경사법과 관련하여 협회가 헌법재판소에 위헌제소한 것을 취하했다.

12월 7일 국회 보사위 법안 심사 소위를 만장일치로 통과하고 12월 18일 국회 본회의에서 여야 만장일치로 통과, 12월 30일 안경사법(의료기사법 개정 법률안)이 공포되었다.

마침내 안경인들이 그토록 원하고, 국민시력보건 향상에 기여할 수 있는 의료기사법 개정 법률안, 속칭 안경사법(모법)이 완성된 것이다. 이는 전무후무한 일대 사건이었다. 건국 이후 안경사법을 제정하여 시행 전에 법을 개정하는 쾌거를 달성했다. 안경사법의 올바른 정착을 위해 한마음으로 뭉친 안경인들의 한결같은 염원이 결실을 보게 되었다. 이 땅에 안경사라는 직업이 탄생하는 감격스러운 순간이기도 했다.

대한안경인협회 9대 집행부

안경사라는 직업 탄생

1990년 1월 1일, 안경사법 개정 법률안이 시행되었다. 말도 많고 탈도 많은 법률이라 감회가 새로웠다. 사실 이 개정안은 안경인들의 단합된 힘이 없었다면 불가능했다. 안경업 종사자가 아니라면 쉽게 이해할 수 없겠지만, 이는 유례가 없는 대단한 일이었다. 누구도 상상하지 못한 일이었고, 나 자신조차 장담할 수 없었다. 그 불가능할 것 같던 일을 9. 28 전국결의대회 이후 채 두 달이 되지 않는 기간에 해냈으니 감개무량할 따름이었다.

그리고 1990년 4월, 모든 안경인이 참여한 가운데 제2회 안경사 국가자격시험이 시행되었다. 진정한 의미의 안경사 시험이었다. 그동안 보수교육을 받아온 안경인들을 포함하여 전국 1만1,774명이 응시하여 76.99%의 합격률을 보였다. 시험 거부로 인해 응시자가 14%에 그쳤던 1회 시험 때와는 분위기가 사뭇 달랐다. 마치 수능시험을 보는 것처럼 엿가락이 난무하고 힘찬 응원가도 들렸다.

이로써 누구나 운영할 수 있던 안경업이 제대로 된 제도와 기반 위에서 안경사라는 직업군이 탄생하는 신호탄을 올렸다. 이 일은 나에게도 안경업에 대한 새로운 애착을 갖게 하는 계기였다. 우연히 누군가의 추천으로 시작하게 된 사업 아이템으로 여기는 것이 아니라 안경산업 발전에 이바지함으로써 사명감을 갖게 되었다.

일본 안경업계는 우리 안경사법과 안경사 국가자격시험 시행 등에 경탄했다. 국가 제도권 속에서 안경사라는 직업이 육성, 발전하는 것을 부러워했다. 우리가 그동안 힘들게 쌓아 올려 마련한 자랑스러운 결과였기에 이들의 축하에 마음이 뿌듯했다.

1 1990년 3월 전국 안경광학과 교수 초청 간담회

2 1990년 4월 1일 제2회 안경사 국가자격시험장. 총 11,774명 응시, 76.99% 합격

안경사협회 창립 이끌고 안경사로 돌아오다

이제 회장으로 남은 소임은 안경인을 안경사로, 대한안경사협회의 창립을 이끄는 일이었다. 나는 법제소위원회를 구성하여 정관 및 규정, 규칙 등을 공을 들여 제정했다. 당시 가족이 약국을 운영하고 있었기 때문에 우리보다 오랜 역사를 가진 약사협회의 제규정, 윤리강령 등을 벤치마킹했다. 나는 시 도지부 창립총회와 협회 대의원총회를 개최하고, 발기인대회를 열어 차근차근 안경사협회 창립을 준비했다.

내 공적을 인정하고 지지하는 많은 회원들이 안경사협회 초대 회장으로 나를 추대하는 의견을 모았으나, 나는 불출마를 선언했다. 안경사법을 개정하고, 안경사라는 직업을 탄생시켰으니 내 역할은 100% 이상 완수했기 때문이었다.

누구도 장담할 수 없는 안경사법이 개정되어 개인적으로 무한한 기쁨이었다. 그때 일을 세세히 말하지 않더라도 세기의 일을 둘러싼 당사자들은 당시 상황을 잘 알 것으로 생각한다.

나는 이러한 모든 상황을 뒤로 하고, 안경사라는 영원한 직업을 남기고 내 자리로 돌아왔다. 협회장으로서 나의 철학이었던 안경원이 협회의 주인인 소원은 이루었다고 보았기 때문이다. 1990년 9월 28일, 내가 제정한 안경의 날 대한안경사협회의 창립총회가 열렸다. 나는 9대 회장으로서 집행부와 함께 안경사법 개정, 안경사라는 직업 탄생을 이끌고 안경사협회 회장에게 자리를 인수인계했다. 남은 일들은 다음 집행부가 잘 진행하리라 믿고 다시 안경사라는 일상으로 돌아왔다.

1 1990년 9월 4일 대한안경사협회 발기인대회 개최

2 1990년 9월 28일 대한안경사협회 창립총회, 김태환 회장 격려

안경사법 입법 취지와 다른 유권해석, 업계 혼란 시작

학문 정진, 행정학 박사 영득

협회장을 하면서 나는 안경산업을 정확히 이해할 수 있었다. 실제로 회장직을 떠난 후 나는 안경원을 제대로 운영하기 위한 노력을 아끼지 않았다. 그러면서 안경을 단순한 안경으로 보지 않고 세상을 보는 새로운 눈으로 인식하게 되었다. 필요에 따라 안경은 생계수단이 되고 사업 기반도 된다는 사실도 깨달았다.

하지만 당시 안경산업은 여전히 후진성을 면치 못하고 있어 고민이 깊었다. 안경산업을 발전시키기 위해 무언가 획기적인 일을 벌여야 한다는 데 생각이 미쳤다.

나는 배움을 통해 돌파구를 찾기로 했고, 경원대학교(현재 가천대학교) 대학원 행정학 박사과정에 입학했다. 배움은 새로움을 창조하고 새로움은 또 하나의 사업구상이 된다고 생각했다. 배움을 통해 더 넓은 시야를 가지면 그만큼 사업하는 데 더 깊이 있는 시각과 창조력을 갖출 수 있다고 믿었다.

나는 대학과 대학원에서 행정학을 전공했기에 박사학위 전공으로 일반행정학을 선택했다. 만학도였지만 누구보다도 열심히 공부했다. 지도교수였던 김문성 교수는 원리원칙주의자였기에, 수업을 하루도 빠질 수 없었고 밤늦게까지 학문 토론이 이어지기도 했다. 지금 돌아보니 박사학위 과정은 힘들었던 만큼 큰 자양분이 되었다.

1995년 2월, 행정학 박사학위를 영득한 나는 12대 회장 취임 직후 롯데호텔에서 박사학위 영득 및 협회장 취임 축하연을 열었다. 안경사의 행정학 박사학위 취득은 최초였다.

박사학위로 만난 사람들과도 인연이 계속 이어졌다. 나는 지도교수를 모시고 결성된 두문행정학회 회장을 맡고 있다. 당시 학문 토론을 함께하던 이들은 지금 사회에서 중요한 역할을 담당하고 있고, 나는 한국행정학회 운영이사를 역임하기도 했다. 이후에도 나는 최고경영자과정, 조찬회 등에 참석하면서 경영에 대한 많은 정보와 지식을 쌓았다.

1995년 2월, 경원대학교 대학원 행정학 박사학위 수여식에서 가족과 함께

박사학위 영득 및 12대 회장 취임 축하연

안경 학문과 산업 발전에 주력
다양한 사회활동 전개

안경사라는 직업을 창출하고 나는 안경 학문을 발전시키는 데 많은 시간을 투자했다. 협회장을 하면서 안경 학문 연구가 중요하다는 것을 절실히 느꼈기 때문이다. 1991년 대구 신일전문대학(현 수성대학교) 안경광학과 설립에 참여하고 전임교수로서 후학 양성에 매진했다.

행정학(부동산학) 전공을 살려 같은 학교 부동산학과 전임교수로 출강하던 나는 안경 학문 발전을 위해 안경광학과를 설립하고 보직을 옮겼다. 사회활동으로 바쁜 나날이었지만, 매번 강의를 위해 비행기를 타고 이동할 정도로 후학 지도에 공을 들였다. 당시 내가 선임한 박혜정 조교는 현재 순천 청암대학교에서 훌륭한 안경광학과 교수로 재직하고 있다. 그때 인연으로 나는 청암대학교에서 특강도 해주고 실습 기자재도 지원해주었다.

협회장 역할을 완수하느라 신경 쓰지 못했던 사업도 재정비했다. 대형 중식당 등 사업체를 정리하고 물류 유통회사인 화물터미널 사업을 시작했다. 1994년 4월에는 제일광학주식회사를 설립했다. 당시 나는 잠실 교통회관 내 올림피아안경원과 서울역 앞 세브란스빌딩과 신세계백화점 본점에 입점한 안경원, 세 곳을 운영하고 있었다.

1995년 초 나는 후학 양성과 사업에 매진하고, 다양한 사회활동을 전개하면서 바쁜 나날을 보내고 있었다.

불필요한 질문으로 유권해석 받아내 업계 혼란 초래

1994년 3월 안경사협회 11대 집행부는 보건복지부에 "무면허자의 안경테 판매가 가능한가"라는 요지의 질문을 보냈다. 이 질문은 "안경사가 아니어도 안경테를 자유롭게 판매할 수 있다"는 유권해석으로 돌아왔다(3. 15 유권해석).

백과사전에 "안경은 안경렌즈와 테로 이루어져 있다"라고 정의되어 있다. 안경사는 안경사법에 의해 안경을 조제, 판매하는 직업이다.

안경사법의 입법 취지대로 안경사의 업무범위는 "안경(안경렌즈와 테로 구성)을 조제, 판매"하는 것이고, 그대로 시행하면 될 것을, 굳이 필요치 않은 질의를 보내 누구나 안경테를 판매할 수 있다는 유권해석을 받은 셈이다. 국민 안보건에 미칠 영향을 전혀 고려하지 않은 유권해석으로 인해 업계는 대혼란에 빠졌다.

입법 당시 의료제도과장도 "안경사가 아니라 안경'알'사냐"고 말할 정도로 말도 안 되는 해석이었다. 안경테는 국민시력보호라는 안경사법에 의해 안경사가 판매하는 것은 당연했다.

안경은 테에 렌즈를 끼운 후 눈에 착용하고 원시, 근시, 난시 또는 노안을 보정 및 방지한다. 먼지나 유해 자외선을 차단하는 도수안경, 선글라스, 돋보기 등도 모두 포함된다. 양복도 상하복이 한 벌이듯, 안경도 안경테와 렌즈를 합쳐야 진정한 안경이라고 할 수 있다.

법 개정을 관철한 지 불과 몇 년 되지 않아 안경사협회는 필요 없는 유권해석을 받아 또 다시 거대한 풍랑을 만났다. 우리 입장은 분명했다.

"안경은 안경렌즈와 테로 이루어져 있다."

"안경사법에 의해 안경사는 안경을 조제, 판매한다."

"따라서 안경테는 안경사가 판매해야 한다."

"다시 회장을 맡아주세요" 12대 회장 취임

많은 사람들이 안경사 제도의 유권해석 과정에 문제가 생겼으니, 그해 9월처럼 다시 한 번 회장으로 취임하여 해결해달라고 나를 찾아왔다. 하지만 1989년 생업을 포기하다시피하고 열정으로 일군 안경사 제도가 제대로 기능하지 못한다는 소식에 마음이 무거웠다. 고민 끝에 나는 다시 위기의 순간, 어려운 길을 가기로 결정했다. 1995년 2월 17일 제22차 정기총회에서 대한안경사협회 12대 회장으로 취임했다.

나는 바로 보건복지부에 유권해석 철회신청서를 제출하고 유권해석의 문제점을 지적했다. 보건복지부의 대답은 단호했다. 왜 1년이 지난 지금에서야 이의를 제기하냐며 난색을 표했다. 나는 보건복지부 관계자들을 만나 자세히 설명했다.

"의료기사법 시행령 제2조 제1항 제8호는 안경사의 업무범위를

1995년 2월 17일 제22차 정기총회, 대한안경사협회 제12대 회장 취임식

규정한 것입니다. 안경사는 시력보정용 안경의 조제 및 판매업무에 종사한다고 되어 있습니다."

또한 "안경이란 안경테와 안경렌즈라는 2대 요소로 구성되므로, 안경테 역시도 안경사만이 판매해야 시행령 규정에 일치하고 입법 취지에도 적합하다는 것이 법조계 의견"이라고 강조했다. 필요하다면 법적 대응도 불사하겠다고 역설했다.

정부 관계처와 끊임없는 회의, 협조 요청

나는 전문가들을 만나 유권해석 문제를 해결하기 위해 뛰어다녔다. 끊임없이 정관계 인사들을 만나 업계 상황을 설명하고 협조를 요청했다. 안경사법 입법 당시 입법 관계자를 만나 현안을 설명하고 설득했다. 이와 같은 노력 끝에 법 개정의 법률 검토를 거친 뒤 '안경테는 안경사만이 취급'할 수 있도록 조치를 취하겠다는 희망적인 대답을 들을 수 있었다.

즉시 우리는 의료기사법 시행령 건의서를 제출했다. 안경테는 안경사만 취급해야 한다는 내용을 핵심으로 담았다. 나는 함용대 이사 등 협회 임원들과 함께 청와대 보건복지 담당 비서관을 만나 상황을 설명하고 협조를 구했다. 보건복지부 장관도 만나 안경사 제도의 도입 취지대로 안경테는 당연히 안경사만 판매해야 한다고 설명했다.

"안경사 제도는 국가자격시험입니다. 그런 시험을 만든 것은 제

1 민자당 현경대 전 원내총무(가운데)를 방문, 현안 환담

2 보건복지부 이성호 장관 방문 환담

대로 된 대국민 보건서비스를 제공한다는 취지도 담고 있습니다. 그런데 안경테를 아무나 취급한다고 하면 제대로 된 서비스를 제공할 수 없습니다. 애초 취지대로 안경사가 안경을 조제, 판매하면 됩니다. 안경은 안경렌즈와 안경테로 이루어져 있고요."

나는 몇 번이고 이해할 때까지 찾아가 설명했다. 이후에도 보건복지부 차관, 정책실장, 의정국장 등을 만나 실무적인 설득을 병행했다. 거듭된 설명에 보건복지부에서도 우리 뜻을 이해하고 협조 의사를 보였다.

"3. 15 유권해석을 정확히 검토했습니다. 법률가들이 잘못이 있다고 이야기하더군요. 원래 입법 취지대로 안경사만 안경테를 판매할 수 있도록 검토하겠습니다." 장관은 배석한 관계관에게 입법 취지대로 국민시력보호를 위해 안경사 제도가 시행되도록 협의하라고 했다.

낭보였다. 안경사 제도를 만들 때 모법을 개정하는 쾌거를 이루긴 했지만 이번에도 만만치 않은 일이었는데 놀라운 성과였다. 다시 한 번 안경사들의 단합된 힘을 확인했다.

나는 장관과의 면담 내용과 보건복지부 방침이 나오기까지의 배경을 회원들에게 전달하는 안경계 긴급 호외판(4부에 자세한 내용 기록)을 발행했다. 일주일간 전국 6개 권역을 순회하는 간담회도 개최했다. 여기에 그치지 않고 선글라스도 안경사만 판매하도록 계속 절충하고 있었다.

하지만 호사다마(好事多魔)라고 했던가. 한국광학공업협동조합(조합장 S사 Y회장)이 제동을 걸었다. 그들은 "안경테는 안경사가 안경원 내에서 판매하는 것이 타당하다"는 안경사협회의 의견에 동조할 수 없다고 전해 왔다. 해결 국면에 전혀 생각하지 못한 변수였다. 결국 유권해석 철회 계획은 1995년 마무리짓지 못하고 해를 넘겼다.

안경, 의료보험 적용 제안 받아

1996년 새해부터 나는 다시 뛰기 시작했다. 당장 재정경제원 기획관리실장을 만나 관련 내용을 협의하고 현안사항을 다시 한 번 자료로 제출했다. 보건복지부 차관, 의정국장 등을 면담하고 협회 현안사항을 충분히 설명했다.

"안경사법 입법 취지에 안경을 조제, 판매한다고 한 것은 안경이 당연히 안경테와 렌즈로 이루어졌다는 전제가 바탕이 된 것입니다. 안경테만 떼어내 누구나 판매할 수 있다는 것은 맞지 않습니다."

당시 보건복지부 차관은 안경을 의료보험 적용 대상으로 제의하기도 했다. 하지만 안경업계 여러 상황, 준비 부족으로 받아들이지 못했다. 언젠가는 이 문제를 해결해야 할 것이다. 나는 각 당사를 방문하여 간담회를 열고 간곡하게 설명했다.

"공테 매장 하나로 업계는 큰 혼란에 빠지게 되었습니다. 안경사의 역할도 입법 취지대로 되지 않아 안경렌즈, 테를 따로 판매하게 되면서 유통도 문제가 발생했습니다."

누구나 안경테를 판매할 수 있다는 것 하나에서 출발한 상황은 유통 문제까지 이어지고 안경사들이 공분하고 있다는 상황을 하나하나 설명했다. 나는 구속되기 하루 전날에도 협회 임원들과 명예안경사인 故 신기하 국회 보건복지위원장 댁을 방문하여 협조를 요청했다. 이때가 1996년 11월이었다.

1 1996년 2월초 보건복지부 이기호 차관(왼쪽에서 세번째)과의 간담회

2 1996년 9월 서울 힐튼호텔 제6회 안경사의 날 기념식. 명예안경사로 위촉된 故 신기하 국회 보건복지위원장

안경사의 역할
국민 눈높이에 맞추다

안경사와 사회공헌활동

1989년 9. 28 전국결의대회를 기념하기 위해 나는 1990년에 '안경사의 날'을 제정한 바 있다. 안경사협회 출범을 앞두고 제정한 규정과 윤리강령은 다른 협회가 참고할 정도로 제대로 만들었다는 평가를 받았다. 국민 시력보호를 위해 이제 보다 적극적이고 능동적인 전략이 필요했다.

나는 전 국민을 대상으로 안경바로쓰기 등 국민시력보호캠페인을 전개하기로 했다. 시력보호의 중요성을 일깨우고, 이를 위해선 반드시 안경사와 상의해야 함을 함께 알리자는 의견이었다. 무엇보다 안경무료지원 등 사회공헌활동을 추진하여 안경사의 대외 위상을 높이고자 했다.

이런 취지에서 보건복지부 장관을 만나 안경사의 날 기념으로 소년소녀가장 및 생활보호대상자를 위한 무료안경티켓 기증서 1만 매(5억 원 상당)를 전달했다. 무료안경티켓은 다시 각 시도지부 소속 안경원에 균등 배분하여 전국에 골고루 혜택이 돌아가도록 했다.

안경은 안경사에게, 국민시력보호캠페인 추진

"안경은 안경사에게, 시력측정과 콘택트렌즈 판매는 안경사에게!" 1995년 9월 1일부터 10월 31일까지 2개월간 전국에서 보건복지부 후원으로 국민시력보호캠페인을 실시했다.

캠페인 기간 동안 전국 모든 안경업소에서는 안경 착용자를 대상으로 무료 시력측정과 시력보호방법 및 안경관리요령 등을 자세히 안내하는 안경바로쓰기운동을 전개했다. 지정 안경업소는 소년소녀가장 3,000명과 생활보호대상자 중 7,000명 등 모두 1만 명에게 5억 원 상당의 무료안경지원 사업을 시행했다. 이 모든 사업은 회원들이 업권수호 궐기대회 때 결의한 사항이다.

9월 28일 뜻 깊은 안경사의 날에 전국 각지에서 제1회 국민시력보호 가두캠페인을 전개했다. 이 날 가두캠페인은 언론매체에 집중 소개되어 안경사의 위상제고에 크게 기여했다.

나는 명동 가두캠페인에 참가해 시민들에게 국민시력보호캠페인 전단지와 안경상식 책자를 배포하며 홍보에 앞장섰다. 이날 캠페인에는 유명 연예인도 함께했다. 몇몇 회원은 '시력측정은 안경사에게', '안경 · 콘택트렌즈 구입은 안경사에게'라는 캠페인 주제가 적힌 피켓을 들고 다니면서 대국민 홍보에 열심이었다.

1 1995년 9월 1일부터 10월 31일까지 국민시력보호캠페인 시행. 9월 28일 안경사의 날, 연예인들과 명동 가두캠페인 모습

2-3 자랑스러운 안경사대상 제정, 1995년 10월 첫 시상식

자랑스러운 안경사대상 제정, 시행

우리 안경 역사가 짧기 때문에 국민들은 아직도 안경사를 전문인으로 바라보는 시선이 많지 않았다. 나는 안경사들이 사회공헌활동을 통하여 스스로의 사회적 위상을 올리기를 기대했다. 그래서 매년 사회공헌활동을 많이 한 안경사를 선발해 시상하기로 했다. 우리 스스로 위상을 높이자는 복안이었다.

의사, 약사와 마찬가지로 안경사도 보건복지부 시험을 통해 국가면허를 취득해야 하는 전문인이다. 그에 걸맞은 행동을 해야 하고, 그러려면 안경사가 사회공헌활동에 적극 나서야 했다. 이런 내부 분위기를 불러일으키기 위해 매년 안경사대상을 시상하기로 한 것이다.

자랑스러운 안경사대상은 사회봉사활동을 통해 안경사 업권과 사회적 위상을 고양시키고, 봉사정신으로 협회 발전을 위해 헌신적으로 노력한 안경사 3인을 발굴하여 매년 안경사의 날에 시상하기로 했다. 제1회 자랑스러운 안경사대상은 10월 15일부터 16일까지 도고 파라다이스호텔에서 개최된 임원수련대회에서 시상했다.

97 세계검안사대회 유치, 국제교류 결실

업권수호를 위해 발 빠르게 움직이는 가운데서도 나는 국제교류에 신경을 썼다. 안경사 제도를 도입한 나라로서 위상을 공고히 하고 국민들에게 안경사협회를 홍보하기 위해 WCO(세계검안사총회) 서울대회를 유치하기로 했다.

1995년 4월 13일부터 18일까지 싱가포르에서 개최된 IFAPAO(검안사협회연맹) 정기총회 및 APOC(아 · 태검안사학술대회)에 김생환 국제이사와 홍성진 학술이사를 파견했다. 5월 16일부터 20일까지 노르웨이에서 개최된 IOOL(이후 WCO가 됨) 총회에는 이내규 총무이사와 노진오 기획이사를 파견했다. 이 총회에서 1997년 WCO 서울총회가 확정되었다.

1996년 6월 2일부터 6일까지 독일 뮌헨에서 열린 WCO에는 나를 비롯해 구자걸 부회장과 이남한 교육이사 등이 직접 참가했다. 우리는 다음 해 총회 개최국으로서 많은 회원국이 참가하도록 홍보했다. 독일을 다녀온 후 6월 21일에는 기자간담회를 개최해, WCO 유치 의미를 강조했다.

한편 12대 집행부가 유치한 APOC & WCO는 1997년 4월 20일부터 26일까지 서울과 경주 힐튼호텔에서 세계 각국의 검안사 400여 명이 참석한 가운데 성대하게 치러졌다.

1996년 6월 독일 뮌헨 WCO(세계검안사대회) 도로시 리즌 사무총장, 롤랑드 그로세이유 회장, 피터 스티븐슨 차기 회장 등과 함께

안경 학문으로서 체계화
안광학회 설립, 안경 학술도서 저술

1996년에는 안광학회를 설립했다. 학문을 체계화하고 기본 기술을 확립하여 국내 안경산업을 한 단계 성숙시키고 안경산업이 발전하여 안경사가 유망 직업으로 자리 잡기를 바라는 마음에서다. 안광학회 발기인대회에는 협회와 학회 인사 50여 명이 참여했다. 동남보건전문대학 최성숙 교수를 부회장으로 하여 창립했다.

필리핀 검안대학과의 MOU를 추진하는 데도 안광학회가 큰 힘을 발휘했다. 설립을 추진하면서는 안경사 국가자격시험의 실기시험은 협회가 주관하고, 필기시험은 안광학회가 시험문제를 출제하는 방안을 보건사회부에 건의하기도 했다.

나는 안경 학술자료 개발에도 노력을 기울였는데, 안경원 경영의 기초를 가르치는 안경원경영(1993), 대학에서 교재로 사용한 안경사법개론(1992) 등을 저술한 바 있다. 아직 학문으로서는 보강할 부분이 많은 안경광학의 기초를 다지는 일에도 앞장섰다.

안경사법개론(1992),
안경원경영(1993)
저술

5년 이상 경력자 특별교육, 대부분 구제 안경사 국가시험위원 위촉

9대 회장 재임 때부터 나는 "나라가 바뀌지 않는 이상, 법과 제도가 바뀌어도 기존 안경업 종사자에게는 안경사 면허증을 부여해야 한다"고 주장했다. 그 사람의 생업을 박탈할 수 없기 때문이다. 학문적 바탕이 미진하다 할지라도 수년간 안경원을 운영해 온 안경 전문가에게는 응시 없이 자격증을 주어야 한다는 입장이었다. 수십 년간 해 왔고 어제까지 하던 일을 제도가 바뀌었다고 못한다고 하니 막막했을 것이다.

나는 몇 번에 걸친 시험에서 계속 고배를 마신 기존 안경 전문가들을 구제해야 한다고 주장했다. 최성숙 교수 등 국가자격시험 출제위원들과 함께 이들을 구제하는 시험 출제를 논의하기도 했다. 협회 주관으로 고시준비반을 만들고 교육 장소를 제공하는 등 효율적인 방법으로 시험을 준비하도록 도왔다.

협회 차원에서 안경사 국가시험의 실효성을 고려해 이론이 아닌 실기 위주로 전환할 것을 요구했다. 보건복지부는 제8회 안경사 국가자격시험에서 나를 국가시험위원에 위촉했다.

8회 시험에서는 시험을 치른 안경사 90% 가까이가 시험에 합격했다. 합격한 나이 많은 안경사들은 감격하여 참기름, 도장 등을 만들어 협회로 찾아오는 등 작은 성의로 감사를 표했다. 이때 합격한 안경사 중에는 지부장을 역임한 사람도 있다.

협회장 구속에서 사면복권까지

검찰 수사에서 의혹과 달리 협회 임원 횡령 한푼도 없어 특별회비 전액 반환, 오히려 더 변제

“안경사가 아닌 자도 안경테를 팔 수 있다”라는 유권해석이 나온 이후 안경사가 아닌 사람들이 공테 직매장을 개설하는 등 안경업계는 극도로 혼란하고 무질서가 난무했다. 1995년 12대 집행부를 발족한 후 나는 업권 수호를 위해 유권해석 철회 요청 등 합법적 논의를 전개해 왔다.

업권수호 업무가 당초 그해 사업계획에 없었기 때문에 별도 예산이 필요했고, 정기이사회(1995년 5월 3일)에서 특별회비 징수를 결의하여 시도지부를 통해 특별회비를 모금했다. 업무비로 집행하는 과정에서 모처로부터 회원들에게 돌려주는 것이 좋겠다는 권고에 업권수호 업무의 투명성을 보장하기 위해 시도지부가 모금한 특별회비 전액을 시도지부와 소속 회원들에게 모두 반환했다(1995년 11월).

특별자금은 이미 상당액을 사용한 상황이어서 우선 내 사비와 고인길 홍보이사 및 금안회 등이 개인 자금을 사용하고 후에 정산받기로 했다. 하지만 당시 집행해서 받은 어음이 부도어음이 되면서 결국 자금을 회수하지 못했다. 이미 모금한 전액을 돌려준 상황이라 고인길 이사 등에게 차용하여 변제하지 못했다. 이 일로 나의 개인적 손실은 둘째치고라도 당사자들에게 피해를 끼쳐 두고두고 미안하고 마음이 아팠고, 지금까지도 안타까운 마음이다.

협회장 구속

1995년 12대 집행부가 출범하면서 모금했던 특별회비는 그해 모든 회원에게 반환하여 끝난 사안이었다. 오히려 나와 고인길 이사, 금안회는 손해를 감수한 상황이었다.

그런데 누군지는 모르지만 일부 인사들이 협회 임원들이 특별회비를 반환하지 않고 개인 용도로 사용한다며 언론에 제보하면서 기사화되고, 검찰조사로 이어졌다. 당시 홍콩에 출장 가 있던 나는 주변의 만류에도 불구하고 소명하기 위해 귀국했다.

검찰이 자금 흐름을 조사해보니 의심했던 공금 횡령은 없었고, 오히려 나와 협회 임원들의 사비가 약 5천만 원 더 사용된 것으로 드러나 의혹은 해소되었지만 이미 물은 엎질러진 뒤였다. 집행부가 개인적으로 자금을 사용한다는 일부 사람들의 말과는 전혀 달랐던 것이 검찰조사로 밝혀졌다. 결국 개인 자금은 회수하지 못했고 나는 구성원의 이익을 대표하는 협회장으로서 모든 것을 책임지고 구속되어 징역 1년 2개월을 선고받았다(1996년 11월 13일). 후에 모범수로 2개월 감형 받아 1년 후 석방되었다.

모든 것이 명백하게 밝혀지고 혐의는 벗었지만 보건복지부 장관에게 정치후원금을 제공한 것이 법적 처리가 미숙하여 제3자 뇌물공여죄가 되었다. 이로 인해 장관은 정치 일선에서 물러나고 부인은 구속되어 업계를 대표하여 지금도 머리숙여 송구한 마음이다. 사리사욕을 취하지 않았음이 모두 소명되었지만 협회 일로 구속되어 착잡한 마음을 금할 수 없었다.

구속되어 조사받고 있을 때 협회 임원 H가 나를 명예훼손죄로 고소하기도 했다. 검찰청에서 대질신문 받는 과정에서 다음 협회장에 출마하지 않으면 고소를 취하하겠다는 황당한 말을 해 검사가 화를 낼 정도였다. 이 일은 유야무야되었다.

내가 구속되면서 앞만 보고 달리던 협회의 업무 추진도 모두 중단되었다. 각 시도지부 임원과 많은 회원들이 내가 안경업계와 안경사들의 권익과 발전을 위하다 구속되었다며, 성금을 전달하고 잇따라 면회를 왔다. 12대 집행부가 나서서 면회 신청자를 조정한다고 공지할 정도였다.

1997년 2월 6일 저녁 7시, 재판부의 보석신청 허가로 나는 구속 88일 만에 세상으로 나왔다. 가족과 협회 상임이사와 중앙이사, 각 시도지부장 등 100여 명이 나를 기다리고 있었다.

정말 몸과 마음이 무겁고 착잡한 심정은 이루 말할 수 없었다. 아내와 가족에게 면목이 없었다. 그러나 집행부의 횡령 의혹이 사라지고 깨끗하게 정리된 것은 다행이라고 생각했다. 더 큰 일은 그동안 진행하던 모든 일이 원점으로 돌아가 가슴 아팠다.

특히 고의는 아니었지만 이 사건에 연루된 장관과 사모님께 말로 표현할 수 없고, 얼굴을 들지 못할 정도로 송구하다. 이 지면을 빌려 마음을 다해 사과드린다.

1997년 2월 6일 재판부의 보석신청 허가로 구속 88일 만에 출소, 가족과 12대 협회 임원, 각 시도지부장 등 100여 명이 함께했다.

안경사의 위상 높이고 12대 회장 마무리

나는 보건복지부 및 정관계 로비사건의 도의적 책임을 지고 사임서를 제출했다. 지지하던 협회 임원과 시도지부장들이 이를 반려하고 나를 13대 차기 회장 후보로 추대하겠다고 설득했다. 1997년 제24차 정기총회를 앞두고 안경업계의 관심이 온통 내게 쏟아졌다. 적지 않은 회원들이 나를 회장에 재추대했기 때문이다.

대외적으로는 안경사협회가 내분에 휩싸였다며 각종 유언비어가 난무했다. 당장 그해 4월 WCO와 APOC가 예정되어 있었고, 실추된 안경사의 명예회복을 위해서도 단합과 화해가 절실히 필요한 때였다. 추대한 회원들의 뜻은 십분 이해됐지만, 중대한 결단이 필요했다.

수많은 갈등과 고뇌 끝에 나는 협회의 발전과 화합을 위해 모든 것을 책임지고 물러나기로 마음먹었다. 2월 17일 회장 입후보자 등록 마감일까지 등록 서류를 접수하지 않음으로써 불출마를 확정지었다. 협회장이 누가 되든 안경사의 권익과 대외환경 변화에 능동적으로 대처, 다가오는 21세기를 대비해야 했다. 더 이상 불신과 반목으로 허송세월해서는 안경사협회의 미래가 없었다. 내가 도움이 된다면 회원 자격으로 얼마든지 그동안의 경험과 노하우를 보태겠다고 했다.

1997년 2월 27일 경주 조선호텔에서 제24차 정기대의원총회가 열렸다. 당시 협회 자금이 부족하여 임원들과 상의하여 일단 차입하고 선거 후 돌려주기로 하고 내 사비 3천여 만원을 들여 총회를

1 1997년 2월, 13대 차기 회장 불출마 선언

2 제24차 정기대의원총회 신임 회장과 함께

3 1997년 2월 27일 경주 조선호텔 제24차 정기대의원총회

치렀다. 새로운 회장이 선출되기 전까지는 회장인 내 책임이었다고 생각했기 때문이다. 차기 회장단이 구성되면 자금을 회수하기로 하고 빌려준 것이었다. 경주에서 선거가 치러져 차기 회장이 확정된 날 누구라고 하면 다 알 수 있는 사람이 협회에 몰래 침입하여 협회의 모든 서류를 훔쳐 가버렸다. 이를 기록한 장부는 사라지고 이후 항소심에서 법정구속까지 되면서 그 자금은 유야무야 회수하지 못했다.

이로써 2년간의 파란만장했던 대한안경사협회 12대 회장 임기는 마무리되었다. 입법 취지와 다른 유권해석 문제를 해결하기 위해 12대 회장에 취임하여 동분서주하고 안경사의 사회공헌활동을 적극 추진한 지난 2년이었다.

고통의 시간, 그리고 사면복권

총회에서 회장직을 물려주고 난 후 1997년 4월 8일 항소심이 열렸다. 징역 1년 2개월 실형이 선고되면서 재판정에서 보석이 취소되고 법정 구속되었다.

억울함을 호소하고 선처를 바라는 탄원서도 많았지만 Y 서울시지부장 이름으로 남대문시장 종업원 몇 명의 서명을 받아 '범법자 김태옥을 구속해야 한다'는 진정서가 법원에 접수되었다고 우리 변호사가 알려왔다. 마치 서울시지부 공식문서처럼 보이지만 서울지부장을 제외하고 실제 서명한 사람들은 남대문시장 도매상 종업원이었다. 서울시지부 날인이 있고 그 아래 서명을 했으니 법원으로서는 서울시지부가 보낸 공식 문서로 판단한 듯하다.

아직도 변호사를 통해 보관 중인 그 문서를 보고 나는 큰 충격을 받았다. 출소하고 많은 시간이 흐른 후 안경사협회장이 당시 문제를 야기한 서울지부장을 데리고 나의 사무실로 찾아와 용서를 구해, 나는 큰마음으로 용서했다.

서울구치소에서 모범적인 수형생활로 2개월 감형을 받고 천안개방교도소로 이감되었다. 천안교도소에서 지내며, 나도 인간인지라 처음에는 억울한 마음이 들었다. 개인 이득이 아니고 구성원의 이익을 대변하는 협회장으로서 업무를 추진하다가 생긴 일이기 때문이었다. 당시 집행부가 13대로 바뀌면서 임원진 누구 하나 면회 오지 않아 마음이 더욱 무거웠다.

지금은 고인이지만, 당시 ㅇㅇ재판소 L 재판관도 먼 길 달려와, "김 회장이 개인적으로 무슨 죄가 있냐. 협회장으로서 희생하는 것이니 건강 단단히 챙기라"고 위로를 건넸다. 나는 지금까지도 그때 내게 큰 위로가 된 그분의 마음을 잊지 않고 명절 때마다 사모님께 인사를 드리고 있다. 고인의 영전에 이 책을 바친다.

또한 이름을 밝히기 어렵지만 사건이 나고부터 법률적으로 도와주신 K소장 등 많은 분들의 격려와 위로로 어려운 시절을 견딜 수 있었다. 내가 평생 갚아야 할 마음이다. 나를 지지하던 故 윤태환 경기지부장, 故 김회병 부산지부장 등을 비롯한 시도지부장들도 따뜻한 마음을 보태주어 그나마 마음의 위로가 되었다.

수감되어 있다 보니 아내와 가족들이 옥바라지 하느라 고생이 제일 많았다. IMF 기간이라 사업도 어렵고, 그때 나를 둘러싼 개인적인 어려움은 말로 표현할 수 없었다.

이외에도 수형생활을 하면서 이루 말할 수 없는 일이 많았지만, 배신에 괴로워하고 투옥에 가슴 아파해봤자 나만 손해라는 생각이 들었다. 나는 태권도 정신과 해병대 기질로 당당하게 이 상황에 맞서기로 했다. 나를 여기까지 몰고 온 사람들의 얼굴이 떠올랐지만 모두 잊기로 했다. 이후 이 사건 당사자 누구와도 시시비비를 가리지 않겠다고 나 자신과 약속했다. 만약 이 일로 그들에 맞서고 목소리를 높였다면 오늘날의 나는 없었을지 모른다.

새 결심을 세우고는 먼저 고생과 걱정이 많은 가족들을 불러 마음을 달래주었다. IMF와 나의 부재로 인해 어려워졌을 사업체를 잘 챙기라고 당부했다. 그리고 많은 책을 읽고 사색하며 마음을 다스렸다. 그동안 해온 일들을 차분히 돌아보고 앞으로 어떻게 살지 계획을 세웠다. 결심은 단단히 했으나, 마음을 다스리는 데는 오랜 시간이 걸렸다.

비록 몸은 자유롭지 못했지만 나는 위기를 기회로 바꾸었다. 그곳에서 인생을 새롭게 깨달았다. 어떤 의미에서 수감생활은 나에게 유학을 다녀온 기분이었다. 그래서 지금도 그때의 경험을 숨기지 않고 하버드대학교를 다녀왔다고 말하곤 한다.

1998년 2월 모든 형량을 마치고 사회로 복귀했다. 그리고 2000년 8월 15일, 나는 김대중 정부의 광복절 특사로 사면복권 되었다. 협회장으로 구성원들을 위해 최선을 다했을 뿐인데 법률 위반으로 귀결되어 마음고생한 지난 시간이 떠올라 눈시울이 뜨거워졌다.

2000년 8월 15일 사면복권, 11월 한국안경사경영자클럽 회장 윤태환 경기지부장이 마련한 사면복권 축하연

출소 후 급성간염 수치가 1200까지 가는 위험한 상황이 발생하여 당시 약이 없어 인터페론으로 매일 치료하다 보니 몸이 허약해져 식사도 할 수 없고 머리가 다 빠져 버렸다. 담당의사는 입원을 권유했으나 마다하고 지금까지 통원치료를 하고 있다. 출소 후 협회 집행부로부터는 아무런 위로의 말이 없고, 변호사비도 일절 받아본 적이 없다.

한국안경사경영자클럽 회장 윤태환 경기도지부장 주선으로 마련한 사면복권 축하 자리에는 많은 회원들이 참석하여 지난 시간 고통을 겪은 나와 가족들의 마음을 위로해주었다. 자리를 마련한 윤태환 지부장에게 깊이 감사드리며, 그 자리가 감격스러워 눈물이 났지만 참았다. 나는 개인적인 고통을 뒤로 하고 사회에 빚진 것을 갚는다는 마음으로 지금까지도 사회공헌활동에 진심으로 전력을 다하고 있다.

3부
/
안경이 바꾼 세상

1
: smhub @ daum.net
KOREA
2
나누는 기쁨! 행복한 세상!
일시 : 2016년 2월 3일(수) 장소 : 종로희망나눔봉사센터
통일희망나눔재단
대한적십자사
후원 : 서울동도라이온스클럽
3
4
5

1 2015년 9월 서울동도라이온스클럽 성모보호작업장 사랑나눔 봉사

2 2016년 2월 통일희망나눔재단 떡국 나눔봉사

3 2016년 6월 성모보호작업장에서 대만, 홍콩 자매클럽과 합동봉사

4 2014년 12월 사랑의 연탄 2만 장 기증 및 나눔 봉사. 중랑구 신내동

5 2012년 5월 시호비전 봉사단 및 직원들과 함께한 사랑의 안경 봉사

안경 학문과
산업 발전의 길 열다

안경 학문 비약적 성장,
2년제 / 3년제 / 4년제 / 석·박사과정 개설

한국의 안경사 제도는 미국과 유럽, 호주와 일부 아시아 국가의 검안사(의)와 안경 조립만 하는 안경조제사를 두는 시스템과는 다른 제도다. 안경 조제와 판매, 콘택트렌즈 판매는 물론 6세 이상의 아동부터 모든 성인에 이르기까지 시력검사를 할 수 있는 시스템으로 외국의 검안사와 안경조제사 역할을 모두 담당하는 것이 특징이다. 지금 생각해도 정말 훌륭한 제도를 도입했다.

일본을 포함하여 중국과 동남아시아, 남미 및 아프리카 등의 나라에서는 아직 안경사 제도 자체가 존재하지 않는 상황을 감안할 때, 우리나라 안경사 제도는 몇 가지만 더 보태면 세계적으로도 우수한 수준이라고 할 수 있다.

안경사 제도 도입으로, 안경사가 되려면 전문대학 이상의 교육기관에서 안경광학과를 졸업한 이들이 국가에서 실시하는 자격시험에 합격한 경우에만 안경사 자격을 부여하게 되었다. 이로써 안경업계의 전문성은 크게 강화되었고, 엄격한 과정을 거쳐 국가자격시험을 통해 안경사 자격을 취득해야만 시력검사는 물론 안경 및 콘택트렌즈를 조제하고 판매하는 자격을 갖게 됨으로써 국민 안보건 향상에도 이바지했다.

법과 제도로 규정됨에 따라 안경은 실용학문으로서 활짝 꽃을 피우게 되었다. 후학과 지도자를 양성하고 안경사의 위상도 새롭게 정립하는 계기가 된 것이다. 국내 대학의 안경광학과는 2017년 현재 2년제 2개교, 3년제 30개교, 4년제 15개교에 설립되어 있다. 석·박사과정이 있는 대학원도 10개교에 달하는 등 학문으로서 안경학이 급속도로 발전하고 있다.

대학들은 "선진 교육시스템과 우수한 인재 육성을 통해 우리나라 안경산업이 한 단계 발전한 데에는 안경사 제도의 도입과 발전이 결정적이었다"고 평가한다.

아낌 없는 후학 양성과 지원

어렵게 안경사 제도를 정착시킨 장본인으로서 나는 안경 학문이 비약적으로 발전하는 모습을 보면 누구보다도 보람을 느낀다. 안경광학과 설립에 앞장서 왔으며 내가 가진 지식을 나누는 데 주저하지 않았다.

1991년 수성대학교(당시 신일전문대학) 안경광학과 설립에 힘을 보탠 나는 이후 전임교수로 활동했다. 재직 당시 필리핀 검안대학과 MOU를 체결하여 학문 교류 기반을 다져두었으며, 조교였던 박혜정 교수는 우수한 교수로 현재 순천 청암대학교에 재직하고 있다. 그 인연으로 특강을 해주고 실습 기자재도 제공했다.

사업과 다양한 사회활동을 병행하여 비행기를 타고 강의를 다닐 정도로 정신없는 나날이었지만 후학 양성을 위해 최선을 다했다. 학생들을 제대로 가르쳐 안경사라는 직업을 반석 위에 올려야겠다는 마음뿐이었다.

1995년에는 안경사협회장이었던 나와 보건복지부 장관, 서울과학기술대학교(당시 서울산업대학교) 최동규 총장(전 동력자원부 장관)이 안경광학과 설립을 협의했다. 이 학과는 현재 입시 경쟁률이 100대 1이 넘는 인기학과가 되었다. 신성대학교 안경광학과 설립 시에는 교수 채용 심사위원으로 청암대학교 박혜정 교수와 함께 교수 후보자들을 심사했다. 초당대학교에는 당시 정시채 총장(전 농림부장관)의 적극 추천으로 안경광학과 객원교수로 출강했다.

지금도 나는 후학들이 더 열심히 공부할 수 있는 여건을 만들어 주기 위해 회사 차원에서 실습 기자재 지원을 아끼지 않고 있다. 안경사라는 직업이 지금보다 더 위상을 갖추려면 인재 양성이 무엇보다 중요하다고 믿기 때문이다.

이밖에도 경영과 행정 전공을 살려 세종대학교 경영전문대학원 A.G.M.P. 교수부장, 한성대학교 행정학과 객원교수 등을 지내면서 제자들과 즐겁게 호흡하며 배움을 나눴다.

1 2017년 1월 수성대학교(총장 김선순)와 가족회사 협약 체결

2 신성대학교(총장 김병묵)와 안경산업 발전을 위한 산학 협력 협약 체결

3 지식을 나누는 즐거운 강연

안경처럼 투명한 경영, 선진 경영시스템 도입

안경사협회장을 하면서 힘든 시간을 보낸 이후 나는 더욱 더 안경사업에 매진했다. 많은 분들의 도움과 가족과 나의 노력으로 현재 100개 매장을 프랜차이즈 형태로 운영하는 시호비전그룹을 이끌고 있다.

몸이 천 냥이면 구백 냥이 우리 눈과 관련된 안경사업이어서 나는 항상 기업에 앞서 국민 안보건을 책임지는 기업이라는 뚜렷한 가치관을 마음에 새겼다. 국민들의 눈을 책임지는 안경사라는 직업을 탄생시킨 사람으로서 그들이 보다 나은 조건에서 일하는 시스템을 만들고자 했다. 그 시스템은 결국 소비자에게 좋은 서비스로 돌아가기 때문이다.

시호비전은 국내 최초로 프랜차이즈 사업을 추진하면서 선진시스템을 도입했다. 안경업계 최초로 바코드를 통한 제품 분류로 유통기간을 단축시킨 MIS(마케팅 정보시스템), 판매시장 관리를 통한 매출누락 방지와 회계관리의 투명성을 제고한 POS(판매시점관리), 전국 가맹점의 매출 현황과 재고 현황을 실시간으로 제공하는 ERP(전사적 자원관리)였다.

우리가 시스템을 만들고 서비스와 품질제고, 브랜드력을 강화하는 모든 활동은 후발 주자들의 모범답안이 되었다. 안경산업을 이끄는 새로운 전략이 된 것이다.

우리 사명 '시호(SEEHO)'라는 이름은 볼 시(視)와 좋을 호(好)가 합쳐 만든 이름이다. 한마디로 볼 수 있어야 좋다는 뜻이다. 안경을 통해 세상을 투명하게 볼 수 있어 안경은 의미 있는 사업이다. 사명을 시호로 바꾸고 CI 작업도 진행했다.

2010년에는 서울 청담동 본사 건물에 안경 갤러리를 열었다. 국내 처음이자 업계 최초의 시도다. 나는 그동안 수집한 동서양의 희귀한 안경 200여 점을 전시했다. 몇 백년 이상 된 안경부터 최근 안경까지 다양한 제품을 관람할 수 있다. 국가원수, 정치인, 경제인, 디자이너 등 전문가들의 사진도 함께 전시했다. 안경을 착용한 그들 모습 하나하나를 살펴보면서 안경이 그들 삶에 어떤 영향을 끼쳤을까 생각해보곤 한다.

명예경영학 박사학위 영득

1995년 경원대학교 대학원에서 행정학 박사학위를 취득한 나는 2011년 2월 순천향대학교 학위 수여식에서 명예경영학 박사학위를 영득했다. 안경사 제도와 안경업계 유통 선진기법 도입과 사회공헌, 안경 학문과 산업 발전에 기여한 공로를 인정받아 학위를 받았다. 순천향대학교에서 최고경영자상을 수상하는 등 모교 발전에 기여한 점도 반영되었다. 2011년 5월에는 손풍삼 총장과 재단 이사장, 학교관계자와 나의 가족이 함께한 자리에서 내 이름으로 된 '덕인 김태옥 시호 강의실' 현판식을 가졌다.

사업에 도태하지 않고 변화를 선도하려면 끊임없이 공부하고 노력해야 한다. 특히 CEO는 사회 변화 트렌드를 잘 읽어야 한다.

1 포춘코리아-한국일보가 선정한 '2011 한국경제를 움직이는 인물 40인' 시상식

2 2011년 2월 순천향대학교(총장 손풍삼) 명예경영학 박사학위 수여식

3 2008년 연세최고경영대상 수상

나는 경영, 경제, 환경, 엔터테인먼트, IT 외 20여 개 최고경영자과정을 통해 항상 배움의 끈을 놓지 않고 있다. 다양한 학문을 익히면서 시너지를 창출했고 이는 기업 상장의 발판이 되었다. 공부하는 경영자 이미지는 좋은 기업 이미지를 창출할 뿐만 아니라 직원들에게도 좋은 본보기가 되어 지식경영의 발판을 다졌다.

배움은 누군가에게 과시하기 위해서가 아니라 오히려 나를 겸손하게 하고 노력하게 하는 자극제가 되었다. 내가 젊어지고 의욕적으로 뛸 수 있게 하는 영양제이기도 하다. 이것이 경영에 접목되고 시장 개척에 접목되었다. 배움을 통해 많은 사람도 만났다. 그들은 내 스승이 되기도 하고, 나 또한 그들의 에너지원이 되기도 했다.

경영 성과와 지식경영을 인정받은 나는 2011년 '한국경제를 움직이는 인물'(포춘코리아-한국일보), 2014년 '한국경제를 움직이는 CEO'(중앙일보-JTBC)로 선정되었다. 국내 경제를 이끄는 대기업과 금융기업 대표들과 나란히 선정된 것은 그간의 사회 기여와 노력을 인정받는 것이라 의미가 있었다.

나누는 기쁨, 행복한 세상을 구현하다

사랑을 주고받는 안경 나눔

“손주들에게 용돈 주고 싶어서 내 안경은 꿈도 못 꿨지 뭐.” 대한노인회를 통해 한 어르신에게 무료로 안경을 맞춰줄 때였다. 나도 할아버지이기 때문에 작은 돈을 아껴 내리사랑을 실천하는 그분의 마음이 십분 이해되었다.

“시력이 나빠 공부하는 데 불편했어요. 안경을 맞춰주셔서 신나게 공부하고 있어요.” 어느 날 도착한 편지 한 통. 연필을 꾹꾹 눌러 쓴 어린 학생의 감사편지를 받고는 신나게 공부하는 모습이 그려졌다. 나까지 신명이 났다.

그리고 “이제 세상이 달라 보이고 잘 보인다”며 나를 위해 기도하겠다는 한 할머니의 손편지에는 코끝이 시큰했다.

이런저런 사연 모두 내게는 나누는 기쁨, 행복한 세상을 알게 해주는 소중한 순간이었다. 우연히 시작하여 평생사업의 일부가 된 안경사업. 나는 안경사업으로 세상을 바르게 밝게 하면서 어려운 이웃들의 사연에 귀를 기울였다.

눈이 잘 보이지 않아 의기소침하던 이들이 안경 하나로 눈이 밝아지고 마음이 편안해졌다고 기뻐하면 내 마음까지 환해졌다. 한편으로는 그동안 눈이 불편하여 얼마나 힘들었을까 생각하니 마음 한쪽이 아려왔다.

"봉사란 한 인간으로서 지켜야 할 사명"이라고 한다. 나는 내가 나눌 수 있는 여유와 마음을 가지고 있어 다행이라고 생각한다. 안경이 활짝 열어준 세상의 빛을 환하게 맞는 사람들을 볼 때면 이 세상 그 무엇보다도 행복하다.

Sight First!
국제라이온스협회 총재와 의장 활동

1981년부터 나는 국제라이온스협회의 일원으로 활동해 왔다. Sight First(시력우선봉사)를 실천하는 라이온스의 이념이 내 신념과 맞기도 하고, 비슷한 시기 인연 맺은 안경업과도 닮아 있었다. 1986년 서울동도라이온스클럽 회장이 되면서 라이온으로서 더 적극적으로 봉사활동을 전개하기 시작했다.

2010년부터 2011년까지는 국제라이온스협회 354(한국)-C(서울)지구 총재로서 '나누는 기쁨, 함께하는 세상'을 실천했다. 총재 시절 가장 기억에 남는 일은 2010년 7월 호주 시드니에서 교민들을 위한 음악회를 개최했을 때다. 총재 당선 후 가버너스쿨 입교 및 93차 라이온스 국제대회 참석차 시드니를 방문한 나는 어려운 시

1 2010년 6월 호주 시드니 교민을 위한 음악회 자비로 개최

2 2010년 11월 '나누는 기쁨, 함께하는 세상 대축제'에서 오세훈 서울시장에게 헌혈버스 기증

3 2011년 3월 서울시(시장 오세훈) 1억원 기부(희망플러스 꿈나래통장)

절 호주에 이민 온 교민들을 만나 애환을 듣고 위로하는 자리를 마련하고 싶었다. 호주 총영사관(총영사 김진수)의 도움으로 교민 300여 명을 시드니에서 가장 좋은 샹그릴라 호텔 대강당에 초대했다. 식사를 대접하고 '호주 교민을 위한 자선음악회'를 열었다. 교민사회를 위해 기부금도 전달했다. 나는 지금도 이날 음악회의 분위기와 교민들의 표정을 잊을 수 없다.

2011년 11월 서울 은평구에서 국내 최대 규모로 개최했던 '나누는 기쁨, 함께하는 세상 대축제'도 기억에 남는다. 국제라이온스협회와 시민 1만여 명이 참여하는 큰 행사였다.

이 나눔의 장에서 저소득 노인 1,000명에게 '사랑의 눈을 떠요' 안경 맞춤 봉사활동을 실천하고 대한적십자사 서부혈액원에 1억 5,000만 원 상당의 '사랑의 헌혈차'를 기증했다. 그 공로를 인정받아 2011년 5월 대한적십자사가 수여하는 헌혈유공포장증(금장)을 받기도 했다.

바자회와 옥션을 통해 마련한 기금은 불우이웃 돕기 행사를 진행하고 수익금 1억 원은 이후 서울특별시 오세훈 시장에게 '희망플러스 · 꿈나래통장' 지원사업의 후원금으로 전달했다.

2011년 3월, 일본 도호쿠(東北)지역에 규모 9.0의 지진과 대규모의 쓰나미가 발생했다. 일본 사상 최대의 대지진 참사로 피해 집계조차도 어려울 정도의 큰 피해가 발생하며 수십만 명의 이재민이 발생했다.

나는 지진으로 실의에 빠진 일본 국민을 위로하고자 일본 피해

지역 20여 라이온스 지구 총재에게 위로의 서신을 보내고, KBS 특별모금생방송 '일본 대지진, 우리의 사랑을 모읍시다'에 출연하여 위로금 3천만 원을 전달했다.

1 2010년 11월 국제라이온스협회 시드 스크럭스 회장 부처 354(한국)-C(서울) 지구 총재 당시 공식 방문

2 2011년 3월 일본 지진 피해 복구 성금 3,000만원 KBS에 전달

3 2010년 6월 제93차 호주 시드니 라이온스국제 대회 참가

2011년 7월에는 나의 삶의 목표가 된 '나누는 기쁨, 행복한 세상'을 모토로 서울, 경기도, 강원도, 제주도를 총괄하는 국제라이온스협회 354(한국)복합지구 총재협의회 의장으로 당선되어 더 큰 봉사를 실천했다.

복합지구 의장에 당선된 후 나는 미국 시애틀 94차 국제대회에 참가했다. 그때 워싱턴 주에 거주하는 참전용사 등 100여 명을 초청하여 '한국전쟁 참전용사를 위한 음악회'를 개최했다. 시애틀 KO-AM 한인방송국에서 열린 음악회에는 워싱턴 주에 거주하는 미군 · 한국군 참전용사 50명을 부부동반으로 초청하여 목숨 걸고 대한민국을 지켜준 것에 대한 감사와 위로의 마음을 전했다.

"나는 여러분들을 개인적으로는 잘 모르지만, 목숨 걸고 우리나라를 지켜주셔서 진심으로 감사드립니다. 내가 죽더라도 후손들이 도와…" 나는 갑자기 먹먹한 마음에 연설을 잠시 멈췄다. 여군 간호사로 참가한 메리 E. 레이드가 감동을 받아 눈시울을 붉힌 모습이 눈에 들어 왔기 때문이다. 나라를 지킨 영웅들을 한자리에서 만나니 가슴이 뭉클했다. 아직도 끝나지 않은 한반도의 상황도 가슴 깊이 새겼다.

2011년 7월 미국 시애틀 제94차 라이온스 국제대회 참가, 한국전쟁 참전용사를 위한 위로 음악회 자비로 개최

1 2011년 8월 수해지역 위로 방문

2 2011년 11월 국제라이온스협회 354(한국)복합지구 말라리아 예방, 식량지원 자선골프대회 개최

3 2012년 5월 중랑구(구청장 문병권) 거주 저소득노인 대상 사랑의 안경 증정

그해 8월에는 집중 호우로 경기 북부지역이 수해를 입었다. 나는 수해지역을 직접 방문하여 지역 주민들의 상황을 살피고 수재의연금을 전달했다. 말라리아로 고통 받는 아프리카 국민을 위해 말라리아 예방 및 식량 지원 자선골프대회를 개최하기도 했다. 말라리아 예방을 위한 최선의 방안인 모기장과 면역력 증진을 위한 식량지원금 3천만 원을 전달했다.

30년이 넘도록 나는 국제라이온스협회와 함께 봉사와 나눔을 실천해 왔다. 대표적인 사랑의 안경 맞춤 봉사를 통해 매년 소년소녀 가장과 보훈가족, 노인과 저소득층에 안경을 전하고 있다. 국내뿐 아니라 아프리카와 몽골 등 저개발국에도 사랑의 안경을 전하고 있다. 또한 도움이 필요한 지역과 사람, 즉 현장에 맞는 다양한 봉사 방식을 연구하고 진정한 봉사정신을 실천하고 있다.

탈무드에는 "한 개의 촛불로 많은 촛불에 불을 붙여도 처음의 촛불 빛은 약해지지 않는다"라는 말이 있다. 가진 것을 나누어 갖는다고 해서 내 것이 작아지지 않는다. 오히려 봉사하는 기쁨이 주는 만족감은 우리의 마음에 행복을 안겨준다.

라이온은 봉사를 하되 드러내려 하지 않고 평생 봉사의 축제 속에서 사는 사람들이다. 사회에 봉사와 희생이 부족하면 바로 자신이 그 봉사와 희생을 해야 한다고 생각해야 한다. 나는 영원한 라이온으로서 이 말을 새기고 있고, 또 전하고 있다.

통일희망나눔재단 설립
북한 이탈주민에게 밝은 세상을

나는 대통령이 위원장으로 있는 민주평화통일자문회의 제16, 17기 운영위원으로 활동하고 있다. 통일부 산하기관인 하나원(원장 김형석)에 위문차 들렀다가 북한 이탈주민들을 위해 의미 있는 일을 해야겠다고 결심하고, 그들이 우리 사회의 밝은 면을 보고 건강하게 적응하기를 바라는 마음에서 작은 힘이나마 보탤 수 있는 일을 구상하기 시작했다.

그래서 통일부의 허가를 받아 통일희망나눔재단을 설립하고 하나원과 후원 계약을 맺고, 그곳에서 교육받는 북한 이탈주민들 모두의 시력을 검사하고 안경을 맞춰주고 있다. 우리 세상을 밝게 보라는 의미다. 또한 연말이면 선물을 전하며 마음을 나누고 있다.

나는 항상 이탈주민들에게 한국에 온 것은 체제와 환경이 다르기 때문에 딴 나라에 이민 온 것으로 생각하면 된다고 강조한다. 바로 한국 사람과 동일하게 살아가는 것은 정신적으로 체질적으로 힘들다. "여러분은 힘들지만 2세부터는 행복한 삶을 살 수 있을 것이다. 희망을 갖고 함께 노력하자"고 한다.

안경 선물을 통해 그들이 우리 사회에 적응하고 따뜻한 마음을 읽기를 바란다. 통일희망나눔재단은 내가 살아 있는 한 최선을 다해 발전시키고자 한다. 그리고 통일이 될 때까지 이 사업은 계속될 것이다.

IBK기업은행 명예 홍보대사 위촉

2014년 6월, 제1회 국민 추천 훈포장을 받은 지 몇 년 뒤 나는 IBK기업은행(은행장 권선주) 명예 홍보대사로 위촉 받았다. IBK측은 국내외 저소득층에 안경 기증 등 나눔 활동을 실천해온 점을 높이 평가하여 고객 첫 명예홍보대사로 위촉했다고 한다.

통일희망나눔재단을 통해 IBK기업은행 후원으로 하나원 봉사, 통일음악회를 개최하고 있으며, 각 학교에서 통일리더 청소년을 추천받아 안경을 맞춰주는 봉사를 하고 있다.

1 2015년 7월 통일 리더 청소년 시력 보존사업 후원 협약식, 가산중학교

2 2014년 6월 IBK기업은행(은행장 권선주) 명예 홍보대사 위촉식

제1회 국민이 추천한 국민포장 수상 영예
영원히 봉사하는 가슴 뛰는 삶

2011년 7월 15일 청와대에서 열린 국민이 직접 추천하고 선정한 '제1회 국민 훈포장' 시상식에 우리 부부가 참석하여 대통령으로부터 국민포장을 받았다.

역사상 처음으로 국민이 직접 추천해서 수여한 훈장이라 의미가 있었다. 나는 당시 국내외 저소득층에 17억 원 상당의 안경과 현금 기부활동 등 30년 이상 펼쳐온 사회공헌을 인정받았다.

'울지마 톤즈'의 故 이태석 신부, 13살 때 지뢰사고로 양손을 잃은 1급 지체 장애인으로 20년 동안 염전 막노동으로 번 돈을 독거노인과 청소년 가장을 도운 소금장수, 쪽방촌 환자를 돌본 간호사, 병원·복지시설 등에 꾸준히 기부해온 일식집 사장, 폐지와 빈병을 주워 팔아 평생 모은 재산을 장학금으로 내놓은 할머니와 위안부 할머니 등 24명이 훈장을 받았다.

이들 수상자는 대부분 평범한 이웃사람이고 오히려 도움을 받아야 할 사람들이다. 경영자는 내가 유일했다. 특히 대기업 오너는 한 명도 없어 우리 사회의 봉사에 대한 각박함을 보는 것 같아 안타까웠다.

나는 단돈 100원이 지구촌의 고통 받는 이웃을 살리고 삶의 기적을 일으킬 수 있다고 생각하면 가슴이 뛴다. 나눔과 봉사는 내가 누군가를 '돕는'것이 아니라 '함께' 나누는 것이다. 나는 앞으로도 더 많이 나누기 위해 열심히 일하고 건강하게 살 것이다.

30년 넘게 나는 안경 하나로 인상이 바뀌고, 삶이 달라지는 사람을 많이 보았다. 나 또한 안경으로 인해 인생이 바뀌었다. 온 마음을 다한 안경사협회장 시절 고통의 시간도 있었지만, 나를 돌아보는 소중한 기회였다. 안경사라는 직업을 만들어 안경산업과 학문 발전의 토대를 마련한 의미 있는 시간이었다.

우연히 시작된 안경과의 만남은 내 삶에 큰 영향을 끼쳤다. 안경을 통해 세상을 바꾸는 데 앞장섰고, 이제 안경으로 우리 이웃의 마음의 눈까지 밝히고 있다. 작은 안경 하나가 가진 힘은 이처럼 위대하다. 내가 건넨 안경 하나가 세상을 밝고 환하게 바꾼다는 평범한 진리 앞에서 숙연해지곤 한다.

나는 안경사업을 하면서 '사랑의 안경 나눔'으로 어려운 이웃에게 밝은 세상을 선물할 수 있어 항상 감사하게 생각한다. 내가 이 세상에 없더라도 이 사업과 나눔은 끊이지 않기를 바란다. 안경으로 일군 혁신의 정신이 후대에도 이어져 안경 산업과 학문이 계속 성장하고, 안경사의 위상이 더욱 높아졌으면 한다. 오늘도 나는 '나누는 기쁨, 행복한 세상'을 구현하기 위해 행복한 나눔을 실천하고 있다.

朝鮮日報

http://www.chosun.com　chosun.com　2011년 7월 16일 토요일 A1

어딘가 닮은 이 사람들 · · · '착한 사람들' 의 얼굴입니다

청와대 제공

넉넉지 않은 살림을 쪼개 이웃을 도운 소금장수, 젊은 시절 힘들게 번 전 재산을 대학에 기부한 노신사, 빈병 주워 모은 돈을 장학금으로 내놓은 할머니…. 사진 속 사람들의 얼굴은 어딘가 닮았다. 이들의 몸속에 흐르는 사랑의 DNA 때문일지도 모른다. 뒷줄 왼쪽부터 시계방향으로 김창열, 고준석, 배정철, 안병원, 박종혈, 정상오, 서영남, 하충식, 노재욱, 양재옥, 강경환, 노금자, 김용철, 조천식, 김태욱, 조성부, 신명남, 유 옥진, 안효숙, 오주영, 편사범씨. 앞줄 휠체어를 타고 있는 김분예(왼쪽), 이옥선씨. 이들은 국민이 직접 추천해 선정한 국민추천포상 수상자들이다. 15일 청와대에서 훈·포장을 받고 기념촬영을 했다.

보통사람들24人, 국민이 준 훈장 받던 날

김태욱 회장

소금 장수, 택시기사, 국숫집 주인, 일식집 사장, 간호사, 안경점 사장, 트럭 운전사, 주부, 성직자 등 세상의 온기를 지켜온 아름다운 24명. 15일 이들의 가슴에 국민이 훈장을 달아 줬다.

이날 청와대에서는 어려운 환경 속에서 봉사와 선행을 실천해 온 숨은 공로자에 대해 국민의 직접 추천을 받아 훈·포장 등을 수여하는 국민추천포상 첫 시상식이 열렸다. 우리 사회가 반목과 갈등으로 무너지지 않도록 지켜온 버팀목, 우리들의 진정한 영웅들에게 국민훈장(7명), 국민포장(9명), 대통령표창(5명), 국무총리표창(3명)이 수여 됐다.

내전과 기아 · 질병에 시달리던 남 부수단의 톤스에서 성직자와 의사로 봉사하다 지난해 1월 대장암으로 삶을 마감한 고(故) 이태석신부가 국민훈장 최고등급인 무궁화장을 받았다.

이 신부가 남긴 유품은 서너벌의 옷과 성경책, 악이 전부였다.

사과상자 2개도 채우지 못할 분량이 었다. 그의 삶은 영화 '울지마 톤즈'로 제작돼 알려지기도 했다. 이 신부의 어머니 신명남(89)씨와 형 이태영 신부가 대신 상을 받았다.

이태영 신부는 "오늘 가보니 높은 자리에 계신 분, 돈 많은 사람, 유명한 분들은 거의 안 보였다. 조금 부족하게 살면서도 자기 것을 올해 나누시는 보통 사람들이었다" 면서 "우리 국민이 훌륭하다고 생각하는 사람들은 이런 분들이구나 하는 생각에 기분이 좋았다" 고 말했다.

국내외 저소득층에 '희망의 빛' 찾아주는 김태욱 회장

빈병주워 1억 장학금 기부 위안부 출신 황금자 할머니…

2011년 제1회 국민이 직접 추천한 국민 훈포장 시상식 및 조선일보 기사(2011. 7. 16)

朝鮮日報

http://www.chosun.com　chosun.com　2011년 8월 4일 목요일 A3

국민이 뽑은 착한 사람들, 대그룹 오너 한 사람만 있었다면…

지난달 15일 청와대에서 열린 '나눔과 봉사의 주인공 포상'에서 훈·포장을 받은 23명의 모습이다.

〈본지 7월 16일자 A1면〉

13세 때 지뢰 사고로 양손을 잃은 1급 지체 장애인 소금장수 강경환(51)씨. 그는 염전 막노동과 장사로 번 돈으로 독거 노인과 소년·소녀 가장의 집 앞에 양식과 옷가지를 몰래 갖다놓는 생활을 20년 가까이 했다. 쪽방촌 환자를 돌본 간호사 유옥진(58)씨도 있다. 병원·복지시설·학교에 꾸준히 기부해온 일식집 사장 배정철(48)씨 그리고 안경점 사장, 트럭 운전사, 국숫집 주인…. 당초 24명이었으나 일제 강점기 위안부로 끌려갔다가 광복 후에는 식모살이를 하고, 노년에는 폐지(廢紙)와 빈 병을 주워 팔아서 평생 모은 재산을 장학금으로 내놓은 황금자(81) 할머니는 노환으로 사진 촬영 행사에는 참석하지 못했다.

이 24명에겐 국민이 훈장을 주었다. 봉사와 선행을 실천한 공로자에 대해 국민의 직접 추천을 받아 정부가 훈·포장을 주었다. 정부 그리고 경제 단체가 아니라 국민이 감동해서 훈장을 준 이들 틈 속에 대그룹 오너가 단 한 명이라도 있었으면 한국 자본주의는 훨씬 더 건강해질 것이다. '자본주의 4.0'에서 기대하는 기업인, 대그룹 오너가 그런 사람들이다.

김덕한 기자 ducky@chosun.com

2011년 제1회 국민 훈포장 수상 관련 조선일보 기사(2011. 8. 4)

- 4부에서는 안경사라는 직업의 탄생 과정과 노력들을 기록했다. 같은 이야기가 2부에 언급되었지만, 여기서는 좀 더 자료에 근거하여 자세하게 살펴본다.

- 당시 상황을 알 수 있는 주장이나 문서의 전문을 공개하고 저자의 대한안경사협회 9대, 12대 회장 활동 일지를 날짜별로 따로 정리하였다.

4부

기록으로 읽는 안경사 태동

협회장에 취임하다

안경사법 제정과 문제가 된 조항

안경사법(의료기사법 개정)

1. 안경 착용인구는 날로 늘어나고 있고, 안경 조제에는 학문적·기술적 소양이 요구되고 있음에도 현재 안경점 개설과 안경조제에는 시설기준이나 자격제한이 없기 때문에 국민건강에 막대한 지장을 초래하고 있어 안경의 조제 및 판매를 담당할 '안경사' 제도를 신설하여 그 자격을 관리하고자 하며, 장애자에 대한 불공정한 법상 제한 규정을 삭제하고자 함.

2. 안경인의 신분법제화를 통해 그간 무자격자 등의 난립으로 인해 국민시력보호에 막대한 지장을 초래하던 것을 방지하고, 나아가 유통질서 확립과 전문직업인의 철저한 윤리의식 확립으로 국민시력보호에 앞장서기 위해 법률을 개정하고자 함.

1987년 안경사 신분법제화를 중심 내용으로 하는 의료기사법 개정 법률(안)이 1988년 5월 공포되었으나, 시행령 및 시행규칙 등이 뒷받침되지 않아 표류하는 가운데 1989년이 되었다. 2월 대한안경인협회 제15차 정기대의원총회는 이 같은 협회의 결연한 의지가 반영된 총회였다. 이날 총회에서는 제8대 이홍원 회장이 당선되었다.

1989년 4월 14일, 안경사 국가면허제도의 신설과 안경사의 신분법제화를 위한 의료기사법 시행령 중 개정 법률안(대통령령 제12678호)이 입법예고되었다. 안경인들은 모두 시행령의 문제점을 거론하고 나섰다. 시력검사와 관련하여 안경사의 업무범위 규정이 불분명한 것이 문제였다. 시행령의 업무범위로는 안경사의 앞날을 예측할 수 없었기 때문이다. 자칫 안경사가 안과의사의 보조원으로 전락할 위기에 봉착한 것이다.

당시 의료기사법 시행령 중 개정령(안)의 주요 골자를 살펴보면 안경인들이 우려하는 부분을 명확하게 알 수 있다.

의료기사법 시행령 중 개정령(안) 주요 골자(1989년)

1. 안과의사의 처방이 있어야만 안경을 조제, 판매할 수 있다는 조항
2. 안경사가 아닌 사람도 안경원을 개설할 수 있다는 조항
3. 안경사의 업무범위에서 굴절검사는 제외한다는 조항
4. 안과의사의 콘텍트렌즈 판매 독점 조항
5. 안경업소는 연평균 1일 안경조제건수 매 20건에 대해 1인의 안경사를 두도록 한다는 조항

시행령 공포와 함께 초기 안경사법 제정으로 안경인의 숙원인 신분법제화가 완성됐다는 생각에 들떠 있던 안경업계는 점차 혼란과 좌절의 소용돌이에 빠졌다.

시행령 공포 당시 '기존 안경도수'란 문구에 대한 문제점을 인식하지 못한 것은 나중 일이라 하더라도 시행령 발효 이후 바로 보건

사회부령(시행규칙)이 정하는 시력검사란 문구에서 예상치 못한 엄청난 갈등이 생긴 것이다. 안경인들이 생각하는 '보건사회부령이 정하는 시력검사'란 안질환에 의한 굴절검사와 어린이의 시력검사 등을 말한다. 그 밖의 안경착용을 전제로 하는 성인 및 남녀노소의 광학적 굴절검사는 안경사의 업무로 인정한다는 것을 기본 바탕으로 했다.

안경인협회는 1989년 4월 전국안경업계 종사자 일동으로 보건사회부에 건의문을 보냈다. 이런 노력에도 불구하고 보건사회부는 1989년 4월 14일 보건사회부령, 즉 의료기사법 시행규칙 중 개정령(안)의 입법예고를 단행하여 안경인들의 공분을 불러일으켰다.

안경업계가 혼란한 와중에 1989년 6월 19일 마침내 의료기사법 중 시행규칙의 공포와 함께 안경사법의 완성을 보는 듯했으나, 이날을 기점으로 안경업계는 더 큰 혼란과 미궁에 빠져들었다. 시력검사의 범위와 더불어 타각적 굴절검사, 비자격자의 안경원 개설, 안과 내 안경원 등 난립을 방지하기 위한 독립시설의 안경원 규정 등 많은 독소조항을 포함한 안경사법이라는 여론이 점차 확산되었다.

협회는 격론 끝에 "의료기사법 시행규칙 중 개정령을 수용하고, 안경사의 업무범위로서 자동굴절계에 의한 검사업무를 할 수 있도록 주무당국의 유권해석을 받아야 한다"는 안을 채택했지만 안경업계는 본격 투쟁으로 방향을 급선회했다.

안경사법의 독소조항이 해결되지 않은 상황에서 이 법을 그대로 수용하기에는 여러 문제가 따른다는 공감대가 형성되었기 때문이다. 서울과 부산 등에서 안경사법 관련 대토론회와 결의대회가 개최되는 등 현행 안경사법 관련 반대 물결이 본격적으로 싹을 틔우기 시작했다.

1 1989년 7월 서울시안경인회 안경사 신분법제화 대토론회

2 1989년 8월 제1차 임시대의원총회, 제8대 집행부 총사퇴 선언

만장일치 9대 회장 추대·취임, 본격 법률 개정 돌입

1989년 8월 19일 대전 중앙관광호텔에서 제1차 임시대의원총회가 열렸다. 본격 의안 심의에 들어가자 찬반토론과 관련 격론이 벌어졌다. 이 자리에서 그간 소극적인 태도를 보이던 제8대 이홍원 회장과 집행부 임원 전원이 모두 사퇴하는 일이 발생한다. 새로운 집행부 구성이 시급한 상황이었다.

1989년 9월 7일 서울 한국일보사 대강당, 정원석 회장대행을 비롯한 전국 대의원이 참석한 가운데 대한안경인협회 임시대의원총회가 열렸다. 이날 총회에는 재적임원과 대의원 266명 중 224명이 참석했다. 가까운 시일에 총회가 세 번이나 열렸음에도 불구하고 성황을 이룰 만큼 안경사법에 대한 관심이 높았다. 이날 가장 중요한 안건은 협회장 선출이었다.

나는 만장일치로 제9대 회장에 추대되었다. 수석부회장은 이강훈 서울시안경인회 회장이 겸임하고 부회장에 권대길 회원을 추대했다. 회장 수락연설에서 나는 대의원들에게 "현재 당면과제인 안경사법 시행에 있어 지극히 위헌적인 업권 침해 부분을 적법 절차에 따라 우선 해결하겠다"고 약속했다(119쪽 취임사 전문 게재).

취임과 동시에 본격적으로 회의를 주재했다. 첫 안건은 '안경회관 확충기금 적립금 전용의 건'이었다. 전년도 총회 때 승인받은 일반계정 자금이 있지만, 안경사법 개정 업무를 추진하는 데 많은 자금이 필요했기 때문이다. 모금을 추진할 계획이지만 당장 신문에 호소문이나 성명서부터 내야 했다. 산적한 일만큼 자금도 많이 필요했다. 정원석 부회장이 "안경회관 확충기금 적립금 1억 원을 전용하자"고 의견을 냈다. 이 안건은 만장일치로 통과되었다.

새 집행부와 취임 바로 다음 날인 9월 8일 신임 회장단 회의를 개최했다. 이날 회의에서 실행이사 인선을 협의하고 향후 대책을 토의했다, 실행이사는 안경사법 대책과 관련해 신속하게 움직일 수 있어야 해 대부분 서울지역 인물로 구성했다.

효율적 운영을 위해 대의원총회 의결을 거쳐 협회 산하에 대책위원회를 두고, 각 시도지부장을 각 시도지부 대책위원장으로 참여토록 구성했다. 당시 대책위원들은 협회 임원들과 함께 많은 일을 수행했다. 대책위원들의 노고를 치하한다.

대한안경인협회 제9대 집행부

회장 김태옥 | 수석부회장 이강훈 | 부회장 정원석, 권대길 | 총무이사 김종곤 | 기획이사 신정일 | 재무이사 최복길 | 법제이사 박정호 | 공보이사 김성모 | 사업이사 정대현 | 감사 김영석, 심재관

각 시도지부장 | 이강훈(서울), 이재신(부산), 노의균(대구), 유석빈(인천), 송영만(광주), 임무철(대전), 황건삼(경기), 임흥수(강원), 이선섭(충남), 정흥목(충북), 전종만(전북), 박종식(전남), 문희준(경북), 강준희(경남), 부응규(제주)

안경사 관계법규를 반대하는 내용의 '우리의 입장' 성명서를 각 언론에 게재하고, '안경사 관계법규를 반대하는 우리의 입장'이라는 건의서(121쪽 전문 게재)를 관계부처와 각계 요로에 보냈다.

무엇보다 9월 28일 서울에서 개최되는 '개정된 안경사법 반대 및 안경사 국가자격시험 거부 전국결의대회'를 앞두고 총력을 기울였다. 안경인들의 의지를 북돋우기 위해 각 시도안경인회에 결의대회를 개최하기로 했다. 전국 안경업소에 안경사법 반대 홍보물도 발송했다. 안경사법의 문제점과 개정 당위성을 모든 안경인에게 알리기 위해서였다.

9월 19일 헌법재판소에 안경사법의 위헌 · 위법조항을 들어 위헌제소를 하는 등 본격 법률 개정에 돌입했다.

대한안경인협회 제9대 회장 취임사 전문

단합 및 단결만이 우리의 살길

존경하는 전국 회원 여러분, 그리고 업계 종사자 여러분.
이번에 뜻밖에도 사단법인 대한안경인협회 회장이라는 무거운 직책에 추대되면서 제 자신의 놀라움과 그 직책이 중대하고 무거운 것임을 새삼 느끼게 됩니다. 이것을 무한한 영광으로 생각하기에 앞서 막중한 책임감을 느끼게 됩니다.

지금 우리가 처해 있는 내외정세는 대단히 중요한 시기에 있다고 생각됩니다. 지금 우리 업계는 미증유의 일대 전환기에 직면하고 있어서 동요와 불안, 초조의 소용돌이 속에 있다고 하겠습니다. 다행히 우리 업계는 순조로운 발전을 거듭하여 현재에 이르고 있습니다만, 언제까지나 이러한 상태가 계속되리라고는 볼 수 없습니다. 조금도 마음을 놓을 수 없는 현황 속에 있는 것입니다.
지금까지의 시시비비를 가리기 전에 현재 우리 업계의 사활이 걸린 모든 제반현황을 현명하게 풀어나가기 위하여 모든 안경인이 일치단결하여 지금보다 더 좋은 기술과 시설로써 국민보건을 위하여 헌신할 수 있도록 하여야겠습니다.

제가 취임한 것을 계기로 다음 세 가지를 역점적으로 추진하고자 합니다.
첫째로는 국민 건강과 복지의 일익을 담당하는 안경인으로서의 긍지를 위하여 더욱 더 노력하고자 합니다.
둘째로는 현재 당면과제인 안경사법 시행에 있어 지극히 위헌적인 업권침해 부분에 대하여 적법절차에 따라 우선 해결하고자 합니다.

셋째로 전 안경인이 대동단결하여 화합하는 분위기와 본 협회 운영에 있어 전 안경인이 참여하는 공개행정을 하고자 합니다.

우리 모두 안경인 스스로의 지위향상 내지는 안경업계 발전을 위하여 무엇인가 도움이 되게 하겠다고 생각하는 것이 있다면 우리들의 몸가짐 · 우리들의 노력 · 우리들 자신의 분골쇄신하는 정신이 필요하다고 여러분에게 강조하고 싶습니다. 단체가 살아야 개인이 산다는 단합 · 단결만이 안경업계의 발전을 가져올 수 있다는 것입니다.

끝으로 앞에 말씀드린 세 가지 원칙 강조사항을 해 나가는 데는 예를 들면 앞으로 당분간 본 업계 체계의 완성, 이것은 법률상으로 정비할 문제도 생기는 것이고, 우리가 대대적으로 규약을 바꾼다든지 혹은 여러 가지 소소한 손질을 함으로써 바꾸어질 문제도 있습니다만, 무엇보다도 인화단결이 중요하다고 생각합니다.

존경하는 회원 여러분.
우리 업계에는 사회적으로 저보다 훨씬 더 많은 경험과 식견을 가진 분들이 많이 계신 줄 압니다. 아무쪼록 우리 안경업계가 당면하고 있는 문제점이 어디에 있다는 것을 잘 모르고 취임하는 저보다는 여러분이 더 자세히 파악하고 계시리라 믿습니다.
어떤 면으로는 과도기적인 위치에 있으면서 이것을 토대로 잘 나아간다면 우리 안경업계의 대전환점이 되리라고 믿습니다.
전 회원님의 절대적인 협력이 간절하게 요청됨을 지적하면서 이로써 취임사를 마무리하고자 합니다. 감사합니다.

1989년 9월 7일
대한안경인협회 제9대 회장 김태옥

안경사 관계법규를 반대하는 우리의 입장

정부는 국민시력보건을 유지 향상시킬 목적으로 안경사 국가면허제도의 도입을 골간으로 하는 의료기사법 중 개정 법률안을 지난 87년 11월 28일 공포하였습니다. 이 법의 하위 법령인 대통령령은 89년 4월 4일, 시행규칙은 6월 19일 각각 공포됨으로써 통칭 안경사법은 사실상 모두 마무리 되었습니다.

그러나 전국의 안경업계는 정부에서 새로 도입하는 안경사 제도로 말미암아 미증유의 혼란을 겪고 있습니다. 위헌적 요소로 성안된 안경사법은 입법 이전에 이미 안경업소를 유지하고 있는 기존업자의 기득권을 박탈하고 헌법상 직업선택의 자유를 침해할뿐더러 몇 십 년 동안 관행적으로 행해온 광학적 굴절검사도 금지하고 있는 것입니다.

따라서 안경사법은 법의 주체인 안경사의 희생을 전제로 할 뿐 면허제도에 따르는 권익을 전혀 고려하지 않고 있다는 점에서 저희 전국 안경업 종사자들은 이를 악법으로 규정하고 전면 거부키로 결의하였습니다.

국민 여러분!
이 땅에 안경업이 싹튼 지 100여 년이 되었다고 합니다. 그 100여 년 동안 저희 안경인들은 국민 여러분의 시력보건을 담당하는 일선 직업인으로서 미력을 다해 왔습니다. 그런데 안경을 맞추기 위하여 고객의 시력 굴절상태를 검사하는 것은 안경사 업무의 가장 핵심적인 분야임에도 불구하고 안경사법에서는 이를 불법화하고 있는 것입니다.

더욱이 대다수의 안경 착용자들이 안경원에서 굴절검사를 하고 있는 작금의 현상에 비추어 볼 때, 이 같은 입법 시행은 안경사뿐만 아니라 소비자에게도 불이익을 초래하는 결과가 될 것이라고 저희는 생각하고 있습니다.

1985년 대한안경인협회의 의뢰로 한국갤럽조사연구소는 전국의 16세 이상 남녀를 대상으로 굴절검사에 대한 표본조사를 실시한 바 있습니다. 그 결과는 다음과 같았습니다. 안과에서의 검사 31.8%, 안경원에서의 검사 55.4%, 기타 12.8%. 2년 후 실시된 같은 조사는 현저한 변화를 보였습니다. 안경원에서의 검사는 64.0%로 85년 대비 8.6% 증가했고, 안과에서의 검사는 30.3%로 1.5% 감소하였던 것입니다.
이것이 바로 우리나라 굴절검사의 현실입니다. 지금까지 국민 대다수가 안경원에서 굴절검사를 하여 그 결과에 따라 안경을 맞추어 왔음에도 불구하고 현행 안경사법에서는 이를 금함으로써 안경사의 기본 업권을 박해함은 물론 소비자의 편익마저 저버리고 있는 것입니다.

정책 당국자 여러분!
안경사법이 궁극적으로 국민의 시력보건을 향상시키는 공익적 방향으로 시행되기 위하여 저희는 조속한 시일 내에 법을 전면 개정하여 아래와 같은 전국 안경인의 절대적 여망을 수렴해 주실 것을 간곡히 촉구합니다.

1. 위헌적 조항이 철폐되어야 합니다.
안경사법은 입법과정에서 헌법정신에 위배되는 발상으로 다수의 위헌위법 조항이 삽입되었음을 지적합니다. 특히 국가면허시험에 불합격된 자는 의료기사법 제11조의 규정에 의하여 업소경영을 중단해야 합니다. 이것은 헌법상 직업선택의 자유를 억제하는 가장 중대한 위헌 요소임을 알아야 할 것입니다. 따라서 100여 년 전통의 안경업을 발전시켜 온 기존업자는 모두 유자격자로 인정해 주어야 할 것입니다.

2. 안경사의 광학적 굴절검사는 전면 허용되어야 합니다.
안경사는 안경 착용을 전제로 한 고객의 광학적 굴절검사를 제한 없이 할 수 있어야 합니다. 안과계에서는 그것이 의료행위라고 주장하고 있으나 안경사에 의한 광학적 굴절검사란 안경렌즈를 고르기 위한 전제행위이지 눈을 진료하기 위한 진찰행위는 아닌 것입니다.

3. 안경원 개설 자격을 면허를 취득한 안경사로 국한해야 합니다.
안경사 제도를 도입하는 가장 근본적인 취지는 자격 있는 사람들로 하여금 안경을 공급하게 함으로써 국민의 시력보건을 지킨다는 데에 있습니다. 그런데 안경사법은 무면허자도 안경원을 개설할 수 있도록 하고 있습니다. 이것은 법 시행 이전보다 무자격 안경원의 난립을 더욱 조장하는 결과가 될 것입니다.

이상 우리의 요구를 깊으신 이해로써 받아들여 모든 안경사들이 명실 공히 국민시력보건의 첨병임을 자임할 수 있도록 안경사법의 전면 개정에 착수해 주실 것을 촉구하는 바입니다.

1989년 9월

사단법인 대한안경인협회 회장 김태옥 외 회원 일동

9월 28일, 개정된 안경사법 반대 및 안경사 국가자격시험 거부

지역마다 뜨거웠던 결의대회 현장

대구지역 1989년 9월 11일 오전 11시 대구시지부에서 처음으로 안경사법 반대 결의대회가 열렸다. 나는 역사적인 현장을 방문, 대구지역 회원 200여 명과 함께했다. "전국 대의원들의 합의로 안경사법을 반대키로 결의했습니다. 협회는 물론 전국 각 지역별로 안경사법 개정 활동에 매진할 각오입니다." 결의대회에 앞서서는 대구지역 방송·신문매체와 인터뷰를 가졌다. 이 자리에서 우리가 왜 결의대회를 여는지 안경인의 입장을 분명하게 전달했다.

경남지역 9월 11일 오후 3시 경남 마산시 경남종합사회복지회관 대강당에서 150여 명의 안경인이 참석한 가운데 결의대회가 열렸다. 나는 "현 안경사법은 위헌 요소가 내포되었기 때문에 악법"이고 안경사 국가시험 거부를 전국적으로 펼칠 방침"이라고 강조했다. 이날 회원은 물론이고 경남지역의 미가입 회원과 안경기사도 상당수 참석했다.

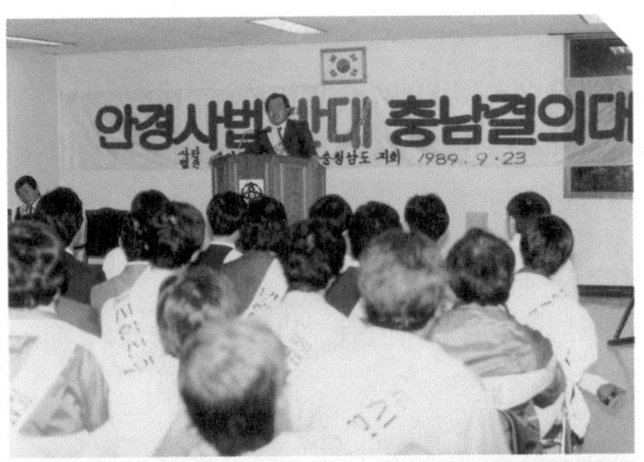

전국 시도지부 결의대회 개최
충남지부, 경남지부, 서울중구분회 결의대회 모습

부산지역 부산시지부는 9월 11일 오후 8시 부산 가톨릭센터에서 결의대회를 개최했다. 나는 "부산시지부가 지역 안경인들의 의견을 모아 최선의 노력을 다해달라"고 부탁하고 이재신 회장에게 격려금과 안경사법대책위원 위촉패를 수여했다. 참석 회원들은 안경업 본래의 특성을 외면한 위헌 및 위법적 발상으로 안경사법이 제정되어 시행되려 한다며 크게 분노하고 전국적 대응행동에 동참하겠다고 다짐했다.

인천지역 인천시 결의대회는 9월 12일 오후 2시 인천시 전농 새마을금고 회의실에서 150여 명이 참석해 성황리에 개최됐다. 나는 "현행 안경사법은 직업 선택의 자유를 침해하며, 업권을 지나치게 한정시켜 놓았다"며 안경사법 반대의 취지를 설명했다.

강원지역 강원도지부는 유통협의회와 함께 9월 19일 오전 11시에 결의대회를 열었다. 철원과 화천, 영월 및 평창 등지의 안경업계 종사자들은 불편한 교통에도 불구하고 많은 인원이 참여하여 안경사법 개정에 대단한 관심을 나타냈다. 평소 지역 특성 때문에 지부 운영에 어려움을 겪던 강원지역이 안경사법 개정에 단합된 모습을 보여 놀라웠다. 결의대회가 강원지역 안경인들의 결속에도 한몫했음을 두 눈으로 확인한 자리였다.

영동지역 영동지부가 주최한 결의대회는 9월 19일 오후 5시 강릉시 옥천예식장에서 개최되었다. 회원과 미가입 회원 45명이 참석했다. 나는 격려사에서 현행 안경사법의 모순점을 지적하고 개정을 위해 우리 모두의 단합이 필요함을 강조했다. 참석자들은 "안경사법이 우리 모두의 생업을 위협하는 것임을 자각"했다고 이구동성으로 결의를 다졌다.

서울지역 서울지역 결의대회는 대한안경인협회 소속 안경인이 가장 많은 지역답게 9월 19일부터 25일까지 7일간 17개 분회별로 개최했다. 중구 분회 대회가 있던 9월 25일에는 500명이 참석해 그 열기를 실감할 수 있었다. 나는 모든 분회의 결의대회에 함께했다. 서울지역 회원들은 현행 안경사법의 부당함을 재인식하고 안경사 국가시험을 거부해야 하는 타당성을 인식했다.

전북지역 9월 21일 오후 7시 200여 명이 참석한 전북지부 결의대회에는 전라일보와 전북신문 및 MBC방송국, 기독교방송 등 언론매체가 찾아와 열띤 취재 경쟁을 벌였다. 이날 대회에서 전북지부 전종만 회장은 "전임 집행부가 해결하지 못한 안경사법의 문제점을 김태옥 회장을 비롯한 신임 집행부가 올바르게 바로잡아 전 안경인의 몸에 맞는 안경사법으로 고쳐질 수 있도록 함께하자"고 하여 숙연해지면서도 든든한 마음을 가졌다.

전남지역 전남지역의 결의대회는 9월 22일 오후 2시 새마을회관에서 회원과 미가입 회원 및 종사자 등 수백 명이 참여한 가운데 시종일관 진지한 분위기에서 진행됐다. 목포분회 회원들은 전국 결의대회에 조금이나마 보태고자 한다며 기금을 전달해 가슴 뭉클하게 했다.

광주지역 광주지역 결의대회는 9월 22일 오후 3시 광주지역 회원과 미가입 회원뿐만 아니라 전남지역 회원들까지 원정 참석하여 400여 명이 함께했다. KBS와 MBC방송국, 광주일보와 전남일보 기자들이 뜨거운 대회장 분위기를 취재했다. 광주지부 송영만 회장은 8월 19일 1차 임시총회에서 전 집행부가 총사퇴한 사유를 설명하고, 현 집행부가 지적한 안경사법 독소조항을 고쳐나가는 데 힘을 모으자고 강조했다.

경기지역 경기도지부는 9월 23일 12시 안양대교가든에서 결의대회를 개최했다. 회원 및 미가입 회원 등 219명이 참석했으며, 조선일보와 경기일보 기자들이 안경사법 개정 활동을 꼼꼼히 취재했다. 나는 "우리 모두 하나로 뭉쳐 산적된 과제를 풀어가자"고 격려하고 안경사시험에 응시하는 이탈자가 없도록 지부 차원에서 적극 힘써줄 것을 요청했다. 일부 회원들은 안경사법 개정에 필요한 자금을 기꺼이 희사하겠다고 했다.

충북지역 충북지역 결의대회는 9월 23일 오후 3시 30분 청주 YMCA에서 회원 50명과 미가입 회원 150명이 참석한 가운데 열렸다. 다른 지역에 비해 미가입 회원의 참석률이 높았다. 나는 "현재 안경업계와 협회가 난항에 처해 있으므로 모두 합심하여 우리가 바라는 바를 이루자"고 강조했다. 대회장에는 KBS방송국과 충청일보사 등 각 언론매체가 열띤 취재와 인터뷰를 진행하여 안경인의 염원을 전달하는 기회가 됐다.

충남지역 9월 23일 오후 7시 대전일보사 대강당 5층에서 충남지부의 결의대회가 열렸다. 이날 대회에는 회원 및 미가입 회원, 기타 안경업계 종사자 등 450명이 참석했다. 대전일보사와 KBS '오후의 교차로' 취재팀도 함께했다. 이날 대전일보에 안경인의 염원을 담은 호소문이 게재되었다. 충남지역 안경인은 물론이고 일반 시민들까지도 안경사법에 관심을 나타냈다.

전국에서 펼쳐진 지역 결의대회는 9월 25일 서울 중구분회를 끝으로 마무리됐다. 전국 시도지부의 법 개정에 대한 뜨거운 열기는 하나로 모아졌다. 이제 9월 28일 서울에서 열릴 전국결의대회만을 남겨두었다.

'안경사'라는 용어를 처음 접한 언론에서도 우리 움직임을 심상치 않게 보고 자세하게 보도하기 시작했다. 나는 서울 5대 일간지를 비롯하여 지역 언론 등 기자를 일일이 만나 적극 취재에 응했다. 지역 결의대회장의 열기를 확인한 기자들에게 안경인의 입장을 전하고, 우리 권리를 주장했다.

나는 이때부터 더욱 심사숙고했다. 대통령 앞으로 안경사법에 대한 탄원서를 제출하고 국무총리와 정무장관, 국회의장, 3당 총재 및 대표위원, 보건사회부 장관에게 안경사법에 대한 건의서를 제출하며 1989년 9월 28일 그날을 준비했다.

국민 안보건 위해 뜨거운 한마음, 한목소리

1989년 9월 28일 전국 모든 안경인이 지부 결의대회 시 굳게 약속한대로 안경원을 일제히 휴업하고 서울 88체육관에 모였다.

김종곤 총무이사의 진행으로 시작된 개회식은 이강훈 수석부회장의 개회선언, 국민의례에 이어서 내빈소개로 이어졌다. 원로모임인 안우회 회원들과 각 시도안경인회 회장, 그리고 국정감사 관계로 부득이 참석치 못한 박찬종 국회의원을 대리하여 참석한 수석부위원장, 홍사덕 정치평론가 등이 내빈으로 자리를 빛냈다.

개회식에 앞서 국회의원 겸 정치평론가 홍사덕 씨가 안경인들에게 인사말을 전했다. 그는 "외국에 나갔다가 어렵사리 맞춘 안경이 눈에 맞지 않아 고생했다"고 경험담을 들려주었다. 우리나라 안경사의 안경 조제기술이 우수하다고 칭찬하며, "안경인의 사활이 걸린 안경사법이 옳게 개정되길 바란다"고 대회 성공을 기원했다.

이어 협회장으로서 단상에 오른 나는 결연한 마음으로 운명을 건, '9. 28 개정된 안경사법 반대 및 안경사 국가자격시험 거부 전국결의대회' 대회사(134쪽 전문 게재)를 시작했다. 한마디 한마디에 힘을 실었고 대회장 바닥까지 꽉 채운 안경인들이 함성과 박수로 호응했다.

대회사를 마치고 전 안경인이 결의문을 낭독했다. 대회장에 큰 울림이 퍼지면서 대회 분위기는 한층 고조되었다.

결의문

최근 정부에서 입법 시행하려는 안경사법은 궁극적으로 입법 이전에 이미 안경업소를 유지하고 있는 기득권의 박탈 및 헌법상 직업선택의 자유를 침해하는 위헌 · 위법요소가 있어 우리 범안경인회 5,000여 회원 일동은 이 같은 무책임한 입법 시행에 심각한 우려를 표명하면서 아래와 같이 결의한다.

1. 안경사법의 위헌 위법적인 독소조항을 삭제하고 88. 5. 28 신고된 일체 등록자에게 기득권을 보장하라.
1. 광학적 굴절검사는 일백여 년 동안 실시해 온 안경사 고유의 업무이다.
1. 안경사 자격 취득자만이 안경점 개설을 허가하라.
1. 5만여 명 안경가족 생존권을 박탈하는 안경사법을 개정하라.
1. 안경사의 광학적 굴절검사를 반대하는 안과계는 질환과 기능장애의 개념을 새로이 인식함으로써 업권을 침해하는 아집과 독선에서 탈피하라.

- 1989년 9월 28일 범안경인 일동

안경업계의 산증인으로, 초창기 안경인의 업권을 개척하는 데 크게 기여한 원로 안경인 백남홍 씨는 이 땅에서 안경계가 걸어온 발자취를 회고했다. "안경인들은 안경업계 발전뿐만 아니라 국가 발전에도 크게 이바지했습니다. 이제 와서 굴절검사를 규제하고, 업권을 박탈하는 것은 부당합니다."

"국가가 국민을 보호할 의무가 있음에도 불구하고 국가는 지금 악법을 만들어 국민의 생존을 위협하고 있습니다." 한국안경유통협의회 오찬성 회장은 현 안경사법 개정을 주장했다.

전국안경기사 대표 박장열 씨는 안경업계에 종사한 지난 17년을 회고했다. "그동안 고객에게 안경을 조제해준 숫자가 8만5천여 개에 달하지만 불편을 드린 적이 단 한 번도 없었습니다. 우리 안경인의 가슴에 찬바람을 일으키는 이 응시원서는 종이쪽지에 불과합니다." 그리고는 그 자리에서 원서를 찢어버려 모두의 박수갈채를 받았다. 한국안경고등기술학교 5기 졸업생인 남순현 씨는 보건사회부장관에게 전하는 호소문을 낭독했다.

전 안경인이 함께 만세삼창을 하며 대한민국 안경 역사상 가장 뜨거웠던 1989년 9월 28일은 이렇게 대단원의 막을 내렸다. 이날 안경사들이 보여준 단합된 힘은 그 후 안경사법을 개정하는 데 큰 영향을 끼쳤다.

KBS와 MBC를 비롯하여 일간지, 보건지 등 언론사 기자들도 대거 몰려와 취재 경쟁을 벌였다. 나는 확신에 찬 인터뷰를 통해 우리 입장을 전했다. 이 인터뷰 영상은 9월 28일과 29일 양일간 KBS 오후 7시 뉴스와 오전 10시 뉴스에 집중 방영되었다.

보사부는 안경인의 전통과
현실을 정확히알라
콘택트렌즈 판매도 안과의사만
독점하다니 웬말인가
서울시안경인회 성동구분회
의사가 콘택트장사 웬말인가?
서울시안경인회 강동구·송파구분회
100년동안 해온 생업 왜막나
서울시안경인회 양천구·강서구분회

모두 한목소리로 생존권 회복 동참

존경하는 원로 선배님, 그리고 이 자리를 가득 메워 주신 전 안경인 여러분! 본인은 오늘 안경인 여러분을 환영하기에 앞서 비장한 각오로 이 자리에 서게 되었습니다. 오늘 이 시간이 있기까지 우리는 그동안 무엇을 했으며, 우리의 생존권이 누구에게 달려있는지 똑똑히 알고 중지를 모아 만대에 남길 수 있는 안경사법을 만들기 위해 여러분은 이 자리에 모였습니다.

오늘 전국 안경점이 일제 철시함으로써 소비자들에겐 불편을 드려 대단히 죄송한 마음을 금할 길 없습니다. 그러나 어느 한 시점에서 자칫 잘못하면 우리들은 소비자와 영원히 만날 수 없는 평행선을 그어야 하기 때문에 우리의 업권과 생존권을 보장받는다는 의미에서 단군 이래 처음이자 최대 규모의 전국 1만5천여 안경인 가족이 관계당국에 이렇게 우리의 입장을 호소하고자 오늘 이 한자리에 모이게 된 것입니다.
제가 대한안경인협회 회장으로 취임한 지 20여일에 불과하나 불철주야 전국 각지를 돌며 전 안경인의 의견을 수렴하고 이 자리에 함께 하도록 나름대로 전력을 기울였고, 또 여기에 참석해 주신 전 안경인이 아낌없는 성원을 해주셨기 때문에 우리 안경인들의 뜻은 더욱 심도있게 전해지리라 믿습니다.
오늘 우리는 안경전문업 종사자로서 적법절차에 따라 투쟁을 하고 또 여러 가지 대책을 강구해 우리의 목적을 실현시키고, 차후 이 자리에 모일 때는 오늘과 같이 울긋불긋한 머리띠와 어깨띠를 두르지 않고 우리 안경인의 한마당 잔치가 될 수 있도록 일심동체가 되어 오늘 결의대회를 성공적으로 마쳐야 되지 않나 생각됩니다.

여러분, 안경사법이란 전 안경인에 해당하는 법이요. 또한 전 안경인이 지키고 따라야 할 법이지, 전 국민에게 해당하는 법이 결코 아닙니다. 이 점을 염두에 둔다면 안경사법은 우리들 자신들이 스스로 해결하지 않으면 안 될 문제입니다. 그러나 이제 이 법은 시행단계에 이르렀습니다. 안경사 국가면허시험을 한 달여 앞두고 여기 한자리에 모여 목소리를 높여 외치는 것은 무엇을 의미하겠습니까. 이 법이 시행되고 나면 1만1천여 안경종사자들 중 80% 이상이 폐점해야 된다는 결과를 초래합니다.

우리는 왜 이 법을 거부하고 이 법을 지킬 수 없는지에 대해 여러분은 오늘 이 자리에서 똑똑히 알고, 이에 대한 대책을 강구하지 않으면 안 될 것입니다. 만약 이 법이 시행되어 경과조치 기간인 89년 12월 31일이 지나면 90년 1월 1일부터는 여러분에게 해당되는 이 법의 규제를 받게 되어 있습니다.
또한 20~30년, 아니 50~60년간 대대로 물려져 내려왔던 안경인들도 만약 안경사시험에 불합격한다면 더 이상 이 업을 할 수 없게 됩니다. 현 안경사법이 우리들에게 합당한 제도로 마련되어 여러분들에게 혜택이 주어진다면 좋겠지만 법조계에서도 여러 가지 문제 조항을 지적하고 있어 여러분과 함께 걱정하지 않을 수 없는 것입니다.
현재 법조계에선 이 법이 헌법에 위배되고, 헌법에 보장된 직업선택의 자유를 침해당한다고 지적하고 있습니다.

안경사법 이외에도 이미 시행되고 있는 중개사법, 약사법을 보면 국가면허를 취득하기 위해 국가시험을 치르는 과정을 거칩니다. 그러나 시험이 시행되기 전 이미 업을 영위하고 있는 중개업, 약종상 등에게는 기득권을 인정해 주고 시행되는 제도에 따라 업을 할 수 있게 되어 있습니다.
그런데 지금 시행하고자 하는 안경사법은 만약 시험에 합격되지 못한 자는 오는 12월 31일 이후에는 이 업을 할 수 없도록 되어 있습니다. 즉 수십 년 동안 비록 학위는 없지만 안경박사가 된 여러분이 안경 조제 및 판매를 현행대로 하게 되면 무면허로 처벌받도록 되어 있다는 것입니다.
이 문제에 대해 범안경인대책위원회에서는 고문변호사를 통해서 헌법재판소에 정식으로 위헌제소를 했습니다. 건국 이래 법이 시행되기 전 초유의 위헌제소를 한 것은 바로 우리의 권리를 찾기 위한 것입니다.

다음은 업권 문제에 대해서 말씀드리겠습니다. 이 법이 시행되고 나면 현재 여러분들의 영역 중 80% 이상을 안과계에 넘겨주고 마는 결과가 나옵니다. 부당한 현 안경사법은 현행대로 안경점에서 안경을 맞춰주게 될 경우 여러분은 실정법에 따라 징역 내지는 벌금을 물게 되는 처벌을 받도록 되어 있습니다. 또 한 가지 문제점은 현 안경사법의 가장 독소조항은 안경사가 아닌 자도 안경점을 개설할 수 있도록 돼 있다는 것입니다. 즉 사업자등록만 하게 되면 전국의 병의원에서도 안경사를 채용, 안경점을 개설할 수 있다는 독소조항이 여러분의 가슴을 울리고 있는 것입니다.
이건 대한민국에서 안과처방이 아니면 안경점을 할 수 없는데다가, 안과에서 안경점을 할 수 있는 문호가 열려 우리 업권이 안과에 넘어가게 되는 비통한 현실을 초래하게 됩니다.

존경하는 대한민국 안경인 여러분!
현 안경사법에 이런 독소조항이 있음에도 불구하고 안과와의 친분. 인연 등을 내세워 국가시험에 응시, 안과의사와 결탁해 전 안경업계를 독식하겠다는 반역자도 있다하니, 이런 사람이 있다면 바로 여러분이 처단해 주십시오.
이 시간 이후로는 대한안경인협회, 한국안경유통협의회, 기사협회, 그리고 한국의 안경업계를 이끌어갈 전문대학 출신 등 안경인 모두가 한 가족이 되어 우리의 생존권을 스스로 찾아야 될 것으로 믿습니다.
컴퓨터검안기란 오늘날 과학이 낳은 가장 이상적인 기기입니다. 선진국으로 일컬어지는 독일과 미국, 일본, 유럽 등에서도 수백 년 동안 이어 내려온 안경업종이 현재 의료 진료와는 관계가 없는 것으로 분류되고 있습니다. 여러분이 지금까지 국민시력보건을 위해 부단히 노력한 결과 과거 맥주병으로 안경을 만들 때와는 달리 이제 수천 종이 되는 각양각색의 안경렌즈를 공급, 시력보건 향상에 크게 이바지하고 있음은 누구도 부인할 수 없습니다. 이런 여러분에게 어찌 국민시력 향상에 지대한 공헌이 없었다고 감히 말할 수 있겠습니까.

현재 세계 각국의 법적인 판례는 시력장애자에게 안경을 맞추기 위한 눈의 측정은 의료행위가 아니라고 판명되고 있습니다. 이런 세계적 판례임에도 불구하고 선진국으로 향하고 있는 우리나라에서 이런 악법이 만들어져 수만의 생존권이 달려있는 업권을 안과업계에 바쳐야 될 비통한 이 현실을 우리 모두가 각성하고, 오늘 이 시간 이후부터 새로 출발하는 비상한 각오를 가져야 될 것입니다.

안경호라는 이 크나큰 배가 지금 침몰 위기에 놓여 있습니다. 여러분 본인의 마음은 내년 1월부터 시행될 안경사법이 현재보다 합당한 법, 그렇지 않으면 현 안경사법을 사문화시켜 우리의 업권을 현 상태대로 유지시키자는 것입니다.

여러분, 이번에 우리가 시험을 거부하기로 한 것은 범안경인대책위원회에서 법조계의 자문을 받아 저와 같이 전국 각지를 순회하며 그것에 대해 설명하고, 그 결과 모든 시도안경인회 총회에 의해 결정되었기 때문입니다. 이 법은 이미 2년 전에 입법예고를 거쳐 대통령령과 보사부령이 공포되어 시행하고자 하는 법입니다.
그러나 우리에게 부당한 이 악법은 현재 시험대상자인 여러분이 시험에 합격했다하더라도 업권의 80% 이상을 안과계에 빼앗기게 되므로 이번 시험을 거부한다는 것이 총회의 결의사항이었습니다.

전국에 계시는 안경인 여러분!
현재 우리의 입장은 물론 당국의 어려운 입장도 있겠지만 현 안경사법은 우리 안경인들이 당면한 업권 문제와 생존권 문제도 함께 처해 있기 때문에 가장 적절한 합법 절차에 따라서 법의 주체인 안경인의 현실에 맞는 법으로 개정해 달라는 것이며, 만약 그렇게 되지 않을 경우 철폐해달라고 당국에 호소하는 것입니다. 그래서 9월 20일 청와대와 주무장관, 각 정당에 우리의 탄원서를 제출했습니다.
그러나 우리는 공권력을 무시하며 법을 개정하자는 것은 아닙니다. 정부도 국민이 있고 나서 정부가 있다고 생각합니다. 그렇기 때문에 우리는 적법절차에 따라 우리 현실에 맞는 법으로 개편해야 되는데, 현 상태로선 시험을 전면 거부하는 길 밖에 없기 때문에 여러분을 이 자리에 모이시게 한 것입니다.

오늘 이 자리에 참석해 주신 전 안경인이 힘을 모아 저를 밀어주시면 여러분의 성원에 힘입어 저는 대책위원장, 그리고 모든 임원 및 대책위원들과 함께 우리 현실에 가장 적합한 법으로 개정될 때까지 불철주야 투쟁하겠습니다. 전 안경인들의 빛나는 눈빛과 가슴 속에서 우러나온 뜨거운 열기로 대동단결하게 되면 우리들의 공동 염원은 기필코 이루어질 수 있으리라 굳게 믿으면서 대회사를 마치겠습니다.

1989년 9월 28일
대한안경인협회 제9대 회장 김태옥

현 안경사 제도 도입

김영삼 총재 및 각 당 방문, 관계부처 협조 요청

안경인들의 결집된 힘을 확인한 나는 9.28 결의대회 바로 다음 날부터 불타오른 열기를 더욱 확대하기 위한 방안을 논의했다. 앞으로 전개될 법률 투쟁을 위해 하죽봉 변호사를 협회 고문변호사로 위촉했다.

우리는 국회의장과 3당 총재, 대표위원에게 안경사법 개정 방문 및 청원서를 제출했다. 서울신문과 중앙일보, 동아일보 등 신문지상에 '안경사법은 개정되어야 한다'는 5단 성명서도 게재했다. 정치권과 언론, 국민들을 대상으로 안경인들이 주장하는 안경사법 개정의 당위성을 전파하는 등 계속 대내외 활동을 이어갔다.

당시 통일민주당 김영삼 총재를 비롯한 각 당 대표 등을 방문하여 안경사법의 입법 취지를 설명하고, 국민 안보건을 위해 법률을 개정해달라고 간곡히 부탁했다.

언론활동도 강력히 전개했다. 협회 사무실에서 기자회견을 가지고, 현 안경사법의 모순점을 지적하고, 안경사시험 거부 의지를 거듭 천명했다. 이 자리에는 세계일보와 국민일보, 한국경제, 서울경제신문 등 일간지 기자뿐만 아니라 보건신문, 후생신보, 의계신문 등 전문지 기자들도 대거 참석했다. MBC 문화부 신창섭 기자와 단독 인터뷰를 진행하기도 했다. 나는 안경인들의 입장을 피력하고, 현 안경사 관련 법규를 개정해야 하는 이유를 강하게 전했다.

안경사 국가자격시험 거부, 88% 서명

1만1천여 명 중 1,536명 응시, 14%에 그쳐

이러한 안경인의 열망에도 보건사회부는 10월 2일 '제1회 안경사 국가자격시험 공고'를 발송했다. "시험을 거부하면 불이익이 있을 것"이라는 내용까지 포함된 서한이었다. 안경사시험 거부를 서명한 안경인은 9,611명이었다. 우리는 이들의 의지가 담긴 연명부와 국가시험 연기 건의서를 3당 총재와 대표위원, 국회 보사분과위원장, 보사부장관, 국립보건원장에게 전달했다.

절대절명의 순간, 나는 안경인의 굳센 의지를 보여주고자 광학안경신문에 9. 28 결의대회 관련 특집기사를 게재했다. "안경원의 안경 조제를 위한 시력검사를 불허하고 안과의사 처방으로만 안경을 조제토록 하는 것은 안경인의 생존권을 박탈하는 행위다."

나는 안경사법의 개정이나 폐지가 선행되지 않는 한 안경사 제도는 절대 정착할 수 없다고 강하게 주장했다. 전 안경업소에는 "모든 안경인은 흔들리지 말고 반드시 단합해야 한다"고 호소하는 서한을 보냈다.

1989년 10월 22일 국립보건원은 서울 은평구 충암고등학교에서 제1회 안경사 국가자격시험을 실시했다. 이날 응시자는 총 대상자 1만1천여 명 중 1,536명. 14%의 응시율에 그쳤다. 86%나 응시하지 않은 것이다. 이는 안경사 제도 자체의 존립을 위협하는 정도였다. 9. 28 결의대회에 이어 안경인의 단결력을 보여주는 성과였다. 다만 응시자와 비응시자 사이에는 적지 않은 마찰이 발생하여 나중에 안경업계 내부 갈등과 대립의 불씨가 되기도 했다.

이후 우리는 응시자에 대한 후속조치를 단행했다. 각 시도지부별로 징계위원회를 구성, 정관에 따라 응시 회원을 제명했다. 이전 회의에서 응시자가 발생할 경우 강력 제재하자고 결의했기 때문이다.

중앙회, 시도지부 및 분회 노력
지역구 국회의원 82%인 183명 서명

전국 시도지부 임원들과 집행부 임원들은 전국을 순회하며 지역구 국회원들의 서명을 받았다. 잠시 멈칫하던 국회의원들도 우리의 설명과 설득으로 흔쾌히 서명해주었다. 그 결과 지역구 국회의원 224명 중 183명의 서명을 받아내는 큰 성과를 거두었다. 이런 분위기에 긴장한 보건사회부는 우리와 만나 법 개정에 관심을 갖는 등 안경사법 개정 법률안은 새로운 전기를 맞았다.

당시 우리가 보건사회부와 회의하고 대화 나누며 주장한 내용은 다음과 같다(자세한 내용은 월간 안경계 1989년 11월·12월 합본

호 참조). 이와 같이 안경인들이 바라는 대로 안경사 제도 개정 작업은 착착 진행되고 있었다.

1989년 협회와 보건사회부의 논의 내용 요약

1. 안경사만 안경업소를 개설할 수 있다는 것과 안경사시험 경과조치 연장은 모법인 의료기사법에서 규정하는 조항이다.
2. 안경사의 업무범위에 해당하는 '기존'이라는 자구문제는 시행령에서, 타각적 굴절검사는 시행규칙에서 취급되는 조항이다.
3. 당시 국회에 상정 중인 의료기사법에서 안경사만 안경업소를 개설할 수 있다는 조항과 부칙에서 경과기간이 1991년 6월 30일까지 연장된다는 조항이 삽입되는 것이 거의 확실시되는 분위기였다.
4. '기존'이라는 자구와 타각적 굴절검사는 모법인 의료기사법이 국회에서 통과된 후 보건사회부 측과 계속 협의해야 하나, 이미 보건사회부 측과 협의되어 개정이 거의 확실한 상태였다.

12월 18일, 개정 안경사법 여야 만장일치로 국회 통과

마침내 1989년 11월 21일, 여당인 민주정의당은 당정 협의를 거쳐 안경사만이 안경원을 개설할 수 있다는 개정 시안을 발표했다. S 의원 등이 노력해주었으며, H 변호사는 안경사 관련 법규의 초안 작업에 일조했다.

우리는 강경 일변도의 활동을 국회의원, 보건사회부와 직접 면담하면서 문서와 서류로 유화적으로 추진하는 전략으로 변경했다. 안경사법 개정의 정당성을 알리는 활동에서 법 개정 작업으로 전략이 바뀌면서 지난 9월 19일 안경사법과 관련하여 헌법재판소에 위헌제소한 법적 활동도 노선 변화가 불가피했다. 12월 1일 위헌제소를 취하하고, 보건사회부와 관계를 개선하고 국회의원들과도 일대일로 접촉해 안경사법 개정에 본격 나서기로 했다.

위헌 제소 동기와 취하 이유
- 하죽봉 고문변호사 월간 안경계 인터뷰 내용 발췌

제소 동기
안경사법 개정에 따라 정부가 시행하고자 하는 안경사시험은 기존 안경인의 직업선택의 자유, 평등권 및 재산권을 침해한다는 데 위헌 요소가 있다. 안경사시험이 시행되면 이러한 기본 권리가 침해받으므로 안경사시험의 근거가 되는 의료기사법, 동 시행령의 관계 규정이 헌법 위반이고, 이를 시정하기 위한 방법은 헌법소원심판청구였다.

취하 이유
그간 국회의 노력으로 안경사시험제도에 문제점이 있다는 것을 국회 및 각 정당이 알게 되어 안경사시험의 연기 및 관계 법령의 개정이 확실시되는 시점에서 심판회부 결정이 내려졌다. 위헌제소에서 재판을 받아 문제를 푸는 것도 한 방법이지만 재판 이외의 방법으로 해결하는 것이 더 바람직하다고 보고, 앞으로도 보건사회부 등과 계속 협조관계가 필요한 점을 고려하여 취하가 타당하다는 의견을 국회에서도 검토 끝에 좋다고 하여 취하했다.

11월 29일 의료기사법 중 개정 법률안이 국회 사무처에 접수되고, 12월 7일 국회 보사위 법안 심사 소위를 만장일치로 통과한 새로운 안경사법은 국회 통과 절차만 남겨 두었다. 드디어 1989년 12월 18일 국회 본회의를 여야 만장일치로 통과, 12월 30일 안경사법(의료기사법) 개정 법률안이 공포되었다.

안경사법 공포(법률 4180호) 주요 내용

1. 안경사를 고용하고 일정한 시설을 갖추는 경우에는 누구든지 안경업소를 개설할 수 있도록 하던 법 조항을 개정해 안경사만이 안경원을 개업할 수 있도록 규정
2. 기존 안경업자들을 위해 경과조치 제한기간을 1991년 6월 30일까지로 연장
3. 6세 이하를 제외하고 안경도수를 조정하기 위해 자동굴절검사기기를 사용한 시력검사측정을 가능하게 함
4. 안경사의 업무범위를 시력보정용 안경의 조제, 판매 및 시력조정용 렌즈(콘택트렌즈) 판매 업무를 가능하게 함

'안경사만 안경원을 개설할 수 있다'는 의미

안경사만 안경원을 개설할 수 있도록 함으로써 무자격자의 난립을 막고 국가자격시험을 거친 안경사가 안경원을 운영함으로써 국민 안보건에 기여하게 되었다. 기존 안경업소를 보호하는 장치도 된다. 개정 이전 법률은 누구나 안경사를 고용하고 시설만 갖추면 안경업소 개설이 가능하여, 무자격자도 안경사를 고용하여 안경업소를 개설할 수 있었다. 이제 새로 안경업소를 개설하려면 본인이 전문대 이상 안경광학과를 졸업하고, 직접 안경사 국가자격시험에 응시하여 국가면허를 취득해야 한다.

'경과조치 1년 6개월 연장'의 의미

1989년 12월 31일까지로 되어 있던 안경업소에 대한 경과조치 규정을 1년 6개월을 연장해 1991년 6월 30일까지로 개정했다. 안경사 자격을 취득할 시간을 1년 반이나 확보한 것이다. 기존 안경업소는 1991년 6월 30일까지 종전처럼 계속 영업할 수 있고, 1년 6개

월 안에 안경사 자격증을 취득하면 된다. 나는 기존 회원과 업계 종사자가 다음 해 3월 예정된 제2회 안경사 국가자격시험에서 전원 합격하도록 단단히 준비했다. 협회가 직접 각종 시험 정보와 자료를 수집한 후 1월 말부터 각 시도별로 안경사시험 대비 특강을 순회 실시했다. 특히 동남보건전문대학 최성숙 교수 등이 교사를 맡았다.

9월 28일, '안경사의 날'로 제정

1990년 3월 8일 대전중앙관광호텔에서 239명의 대의원이 참석한 가운데 제16차 정기대의원총회가 열렸다. 총회에서 나는 안경사법의 부당함을 바로 고치고자 대내외에 안경인들의 단결된 힘을 보여준 9. 28 전국결의대회를 기념하기 위해 협회 이사회의 의결을 거쳐 9월 28일을 '안경사의 날'로 제정했다.

첫 시험 응시자는 협회 이사회 때 제명하기로 거론했으나 전 안경인이 화합하는 차원에서 안경사시험 1회 응시자도 잘못을 뉘우치고 용서를 빌면 관용을 베풀자는 제안도 했다. 나는 모든 안경인이 일치단결하여 권익보호와 전 안경인의 화합에 역점을 두고 사업을 전개할 뜻을 확고히 전했다. 협회를 무시하고 대한안경사협회를 설립하려는 움직임에 강력한 압박을 가한 것이다.

내부 갈등을 봉합하기 위해 노력하는 한편 시행령 및 시행규칙의 올바른 정립을 위해 분주하게 활동을 이어갔다. 3월 16일에는 보건사회부장관이 주관한 의료기사법 개정에 따른 동법 시행령 및 시행규칙의 협의를 위한 관련단체 대표 회의에 참석했다.

보건사회부 관계자와 대한안과학회 대표가 함께한 이날 회의에서 안경인협회와 안과학회는 상호보완하는 협력관계를 유지해야 한다는 데 인식을 같이했다. 기존 안경업계의 업무범위를 인정하는 분위기였지만, 안과학회 측은 이 합의에 불만을 드러내 분쟁의 불씨는 남았다.

한편 3월 30일 안경사시험 1회 합격자들을 중심으로 한 32명이 대한안경사협회 창립발기인대회를 열었다는 소식이 들려왔다. 이 소식이 전해지자 업계는 혼란스럽고 어수선한 분위기였다. 많은 안경인들이 함께 분노하면서도 안경인 사이의 반목과 갈등을 하루속히 매듭지어야 한다는 여론이 지배적이었다.

그러나 다음날인 3월 31일 희소식이 날아들어 안경업계를 들뜨게 했다. 안경인들이 그토록 고대하던 의료기사법 시행령 중 개정령(안)이 입법예고된 것이다(156쪽 개정령(안) 전문 게재).

1990년 3월 제16차 정기대의원총회에서 9월 28일을 '안경사의 날'로 직접 제정(9대 회장 재임 시기)

제2회 안경사 국가자격시험
전원 응시, 76.99% 합격

1990년 4월 1일 제2회 안경사 국가자격시험이 서울 은평구 6개 중고교에서 일제히 시행되었다. 그동안 보수교육을 받아온 안경사들을 포함해 전국 1만2천여 명이 응시했다.

응시자들은 9시 30분부터 안광학(30), 안경학(40), 안과학(30), 의료관계법규(20) 등 총 120문항의 시험을 치렀다. 안경업 종사 5년 이상 경력자에게는 11시 30분부터 조제 및 가공(30), 상품지식(10), 안광학기기(10) 등 총 50문항이 출제됐다.

나는 의료기사법 시행령 및 시행규칙 개정안 입법예고와 제2회 안경사 국가시험 사후 대책을 연구 검토하기 위해 긴급이사회를 소집했다. 의료기사법 중 시행령과 시행규칙 개정안에 대한 경과 및 내용을 심층적으로 다룬 안경계 호외 3호도 발행했다.

안경사 제도 정착에 가장 중요한 안경사 인력 확보를 위한 안경사국가시험의 2회 응시자는 필기 6,048명, 실기 5,726명 등 총 11,774명의 안경인들이 시험에 응시하여 전체 평균 합격률 76.99%를 보였다. 전 안경인이 참여한 실질적인 첫 안경사시험이었다.

안과학회의 호소문으로 시작된 의견 대립

1990년 4월, 안과학회는 입법예고된 시행령 및 시행규칙에 허점이 많다면서 여론몰이에 나섰다. 막대한 자금력을 바탕으로 유력 일간지 1면에 '국민에게 드리는 호소문'이라는 광고문을 게재했다. "국민 여러분의 눈이 중대한 위기를 맞고 있습니다", "시력을 잃으면 전 세계를 잃는 것입니다"와 같은 자극적인 문장이 눈에 띄었다.

이제 안경사의 업무범위와 관련하여 안과의사와의 마찰은 불가피해졌다. 의료기사법 개정을 둘러싼 안과학회와의 줄다리기에서 우위를 점하기 위해 우리는 발빠르게 움직여야 했다.

우선, 안과학회의 호소 광고문이 실린 바로 다음 날 긴급대책회의를 소집했다. 회의에는 회장단, 실행이사진과 범안경인대책위원회, 각 시도지부 회장단 및 임원진, 직전 임원, 대한안우회 회원, 한국안경고등기술학교 졸업생, 서울과 대전, 대구 및 김천보건전문대학 안경광학과 교수 등 100여 명이 참석했다.

나는 참석자들에게 "안과학회 호소문의 허위 사실과 모순점"을 조목조목 설명했다. 김화주 전임 회장도 참석하여 안경사법 제정 초기 본인의 실수를 인정하고, 협회에 적극 협조할 뜻을 밝혔다.

사안이 사안인 만큼 반박성명서 문구, 가두캠페인, 언론 대처방안, 안과학회의 만행 등 열띤 토론이 오고갔다. 나는 의견을 잘 수렴하여 반박문을 준비했다. 필요자금은 인건비를 제외한 예비자금을 홍보비로 사용하고 부족분은 임시대책회의를 열어 마련하기로 했다.

긴급대책회의 전에는 대한안우회 회원들과 오찬을 가졌다. 1회 시험 합격자를 중심으로 대한안경사협회를 창립하는 과정에서 생긴 안경인 사이의 벽을 허물고, 난국을 헤쳐가기 위해 선배들에게 도움을 요청한 것이다. 안우회 회장단과 임원진, 협회 전임 회장단은 나와 9대 집행부가 안경인을 위해 의욕적으로 일해 온 과정과 결과를 인정했다.

"안경사 관련 법안이 안경인의 뜻대로 통과되도록 합심하고, 가칭 안경사협회를 설립하려는 일부 안경인의 행동은 중단해야 합니다." 원로들의 충언이었다.

안과학회는 안경사를 마치 국민 시력을 훼손시키는 가해자로 언론에 선동하고, 관계법규를 안경사가 압력을 가해 만든 것처럼 악의에 찬 호소문을 게재했다. 안과학회의 호소문에 대응하기 위해 우리는 중앙일보 등 9개 일간지에 전5단으로 '국민에게 드리는 글'이라는 제목의 반박성명서(158쪽 전문 참조)를 게재했다.

> 첫째, 안경사를 매도하는 안과학회의 비이성적 행동을 즉각 중단하라.
> 둘째, 안경조제 · 판매는 안경사의 고유 업무이다.
> 셋째, 안경사의 자격요건은 충분하다.
> 넷째, 행정당국에 대한 요구사항과 안과학회에 대한 공개 질의 및 답변을 요구한다.

위와 같은 내용을 골자로 "안경은 안경사에게, 안질환은 안과의사에게"를 외쳤다. 안과학회와 논리적이고 법리적인 싸움을 하는 와중에도 보건사회부 장관에게 안과학회의 왜곡된 주장에 대한 검토 결과를 건의하기도 했다. 보건사회부는 안과학회 호소문을 검토한 후 안과의사들의 주장을 정면으로 반박하는 의견서를 안과학회에 전달했다.

"안경사의 콘택트렌즈 판매행위는 현행 의료기사법에서 허용되

국민에게 드리는 글

안과학회는 국민을 오도하고 있습니다.

안경은 안경사에게, 안질환은 안과의사에게

안과의사는 안경 및 콘택트렌즈 판매행위보다 진료에 힘써야 합니다.

국민여러분, 안경은 안경사만이 조제·판매할 수 있습니다.

행정당국에 다음과 같이 요구합니다.

안과학회에 2차 질의하니 공개 답변바랍니다.

대한안경인협회 회 장 김태옥

안경사법대책위원회 위원장 김호곤

1-2 1990년 4월 안과학회 호소문 대응 긴급대책회의, 김화주 전임 회장 참석

3 안과학회 주장에 반박하는 안경인협회의 성명서

고 있고, 이의 조제행위만을 금지하는 것이라고 밝혔다. 자동굴절검사기를 이용한 타각적 굴절검사도 관행적으로 보사부의 유권해석에 의해 허용되는 것을 명문화하는 것에 불과하다."

"안경사의 자각적 굴절검사 역시도 의료기사법이 허용하고 있는 바, 의료법상의 의료행위로 간주할 수 없다."

안과학회 역시 5월 13일 조선일보에 성명서를 게재하는 등 안경사법 개정을 방해하는 행동을 멈추지 않았다. 나는 반박성명서 게재와 함께 안과학회의 성명서가 사실과 크게 다른 것에 착안, 13개 항의 질의서를 작성하여 안과학회의 김재호 이사장과 윤정우 회장, 전국의과대학 안과주임 교수단과 안과학회 대책위원 등 일간지에 명시된 총 26명의 의사에게 내용증명을 보냈다. 답신이 없다면 안경인 명예모독 및 허위사실 유포 등으로 법적 절차를 밟겠다고 강하게 밀어붙였다.

항의 질의서 주요 내용

1, 의료기사법 시행령 제2조 8항에 의거, 안경사가 콘택트렌즈를 판매할 수 있음에도 판매치 못하게 하는 이유
2, 현행 의료기사법 시행령 등에 의해 자각적 굴절검사와 자동굴절검사기를 사용하도록 되어 있는데, 이를 새롭게 입법예고한 것처럼 국민을 오도한 이유
3, 안경인협회가 어느 기관, 누구에게 압력을 가했는지 그 소속과 성명을 밝힐 것
4. 백내장, 망막염 등의 오진과 안경원에서 판매한 콘택트렌즈로 각막손상을 입은 예의 제시

이 일을 계기로 안경인과 안과의사의 대립은 점차 안경인의 승리로 기울어져 갔다. 대립각을 세운 두 단체는 성명서 전쟁에서 논리적, 이론적 학술 근거를 기반으로 성명전을 펼친 안경인들의 주장이 정계와 정부기관 및 국민의 지지를 이끌어냈기 때문이다.

서로의 입장 차이로 대립하긴 했지만 안과학회 안과 명의인 김재호 이사장(강남성모병원장 역임)은 1970년대 안경통신학교와 1980년대 한국안경고등기술학교(회장 재임시절 교장직무대행)에서 안경인에게 최신 이론과 기술을 강의한 고마운 분이다. 나중에는 국민시력보호라는 공감대로 오해를 풀었다.

일본도 부러워한 우리나라 안경사 제도

1990년 7월 2일부터 3박 4일간은 일본의 안경업계를 방문했다. 각 직능단체 대표들과 자리를 함께하고 양국의 안경산업 발전을 위한 실질적이고 미래 지향적인 의견을 나눴다. 이 자리에서 일본안경기술전문학교를 비롯한 일본 내 안경광학과와 자매결연과 학술교류 협의도 가졌다.

일본의 각 대표들이 우리의 안경사법과 안경사 국가고시, 안경광학회 설립 등을 언급하며 경탄을 금치 못했다. 국내 안경사가 제도권 속에서 육성 · 발전하며 지위 향상을 이룬 것을 부러워했다. 우리가 그동안 힘들게 쌓아 올려 마련한 자랑스러운 결과였기에 이들의 축하에 마음이 뿌듯했다.

이때 만났던 일본 대표를 만나기 위해 최근 일본을 방문한 적이

1 1990년 8월 일본 안경기자회 협회 방문. 일본안경인단체 미즈노 마사유키 회장(맨 오른쪽)

2 2016년 5월 일본에서 재회한 아흔 살 고령의 미즈노 마사유키 회장과 우리 부부

3 1990년 8월 협회와 일본 안경업계 공동기자 간담회

있다. 아흔 살 고령에 간혹 휠체어를 탔지만 여전히 건강한 모습이었다. 당시 인연이 지금까지도 이어지고 있다.

8월 22일부터 25일까지는 일본의 안경기자회(10사 가맹, 11개 매체로 조직)가 11명으로 구성된 기자단이 협회를 방문했다. 이들은 일본에 안경사 제도 신설을 추진함에 있어 국내 안경사 제도를 참고하기 위해 방한 것이다. 한국의 의료기사법 등 안경사 제도의 성립과정과 법제화 내용, 장래 전망을 취재하는 등 지대한 관심을 보였다.

안경사 업무범위 명문화, 새로운 안경사시대

1990년 3월 31일 의료기사법 시행령 중 개정령(안)이 입법예고된 후 7월 26일 국무회의 심의 의결을 거쳐 마침내 8월 8일 대통령령 제13067호로 공포되었고, 8월 14일 의료기사법 시행규칙 중 개정령이 보건사회부령 제854호로 공포되었다.

안경사의 업무범위에 관한 시행령 및 시행규칙은 기나긴 대장정을 마쳤다. 이로써 개정 의료기사법 내 안경사법을 근간으로 하는 새로운 안경사시대가 본격적으로 시작되어 안계업계는 안경 역사의 새로운 전환기를 맞게 됐다. '기존'이란 단어를 삭제하고 아동의 연령을 구체화하여 7세 이상의 아동부터는 안경원에서의 시력측정이 가능하다고 규정, 안경사의 업무범위가 더욱 확대되는 계기가 되었다.

평소 소원하던 우리 주장에는 다소 미진했지만 이번 개정령으로 안경인은 국민시력 향상과 시력보전을 위해 자신감을 갖고 업무에 임할 수 있는 발판은 마련됐다. 이제 안경사의 업무범위가 명문화됨으로써 100년 안경 역사에 일대 전환기를 마련했다. 법 보호 아래 국가자격 안경사로서 새날을 활짝 여는 새시대의 주인이 된 것이다.

안경사 제도가 완성되면서 일본에서도 국내 안경사 제도에 지대한 관심을 보였다. 그만큼 안경사 제도는 안경인의 신분법제화는 물론 안경사의 사회적 역할, 직업인으로서 위상을 재정립하는 계기가 되었다.

입법예고된 개정령(안)과 공포된 개정령 변화된 부분

"제8조 안경사는 시력보정용안경의 조제 · 판매 및 시력조정용렌즈(콘택트렌즈)의 판매업무에 종사한다. 이 경우 안경도수를 조정하기 위한 시력검사를 할 수 있으나 약제를 사용하는 시력검사 및 타각식 굴절검사(자동굴절검사기기의 사용은 제외한다)를 할 수 없다."

➡ "안경사는 시력보정용안경의 조제(콘택트렌즈의 조제를 제외한다) 및 판매업무에 종사한다. 이 경우 안경도수를 조정하기 위한 시력검사(약제를 사용하는 시력검사 및 자동굴절검사기기를 사용하지 아니하는 타각적 굴절검사를 제외한다)를 할 수 있다. (신설) 다만, 6세 이하의 아동에 대한 시력보정용안경의 조제 · 판매는 의사의 처방에 의하여야 한다."

보건사회부 공고 제90-24, 25호

의료기사법 중 안경사 관련 조항의 시행령 개정안

제2조(의료기사 · 의무기록사 및 안경사의 업무범위 등) 제1항 8호
8. 안경사는 시력보정용 안경의 조제 · 판매 및 시력조정용렌즈(콘택트렌즈)의 판매업무에 종사한다. 이 경우 안경도수를 조정하기 위한 시력검사를 할 수 있으나, 약제를 사용하는 시력검사 및 타각적 굴절검사(자동굴절검사기기의 사용은 제외한다)를 할 수 없다.

제3조(국가시험의 범위)
① (현행과 같음)
② 국가시험은 필기시험과 실기시험으로 구분하되, 실기시험은 필기시험 합격자에 한하여 시행한다. [다만, 보건사회부장관이 필요하다고 인정하는 경우 필기시험과 실기시험을 병합 실시할 수 있으며, 실기시험은 필기형태에 의하여 측정할 수 있다.] ([ ]는 신설 조문)

개정안 요약
가. 안경사의 시력검사 : 안경사가 안경도수를 조정하기 위한 시력검사라 함은 안경사가 안경을 조제 · 판매 시 안경렌즈를 조정하기 위한 전제행위로 행하여지는 모든 시력검사(교정시력을 측정하기 위해 표본렌즈에 의한 자각적 굴절검사 및 타각식 자동굴절검사기기 등)는 진료를 위한 의료행위가 아니므로 전체의 시력검사 중에서 의사가 할 수 있는 약제를 사용하는 시력검사 및 타각적 굴절검사, 즉 진료행위를 제외한 안경을 조제하기 위해 필요한 모든 시력검사를 할 수 있다.

나. 기존 자구 : 그간 가장 문제가 되었던 '기존' 자구가 나이와 관련없이 완전히 삭제되어 안경을 처음 착용하는 모든 사람은 안경업소를 이용할 수 있게 되어 우리 업권의 영역이 확대되었다.

다. 컴퓨터 자동검안기기 : 구법에 의하면 안경업소에서 컴퓨터 자동검안기를 사용할 수 없도록 법에 명시되었고, 그나마 안과의사의 처방에 의거 조제한 안경이 이용자에게 적합한 지를 대조하거나 기존 안경도수를 조정하기 위한 시력검사를 할 때에만 사용할 수 있도록 하는 유권해석으로 조건부 사용을 했으나, 금번 개정안은 컴퓨터 자동검안기를 안경업소에서 자유롭게 사용할 수 있도록 했다.

개정안 의견제출
이 개정령(안)에 대하여 의견이 있는 단체 또는 개인은 1990년 4월 20일까지 다음 사항을 기재한 의견서(16절지를 세워서 작성한 것)를 보건사회부장관(참조:의료제도과장)에게 제출하여 주시기 바랍니다.
가. 예고사항에 대한 항목별 의견(찬 · 반 여부와 그 이유)
나. 성명(단체인 경우 단체명과 그 대표자명), 전화번호 및 주소
다. 기타 자세한 것은 보건사회부 의료제도과(전화 503-7548~9)에 문의하여 주시기 바랍니다.

1990년 3월 31일
보건사회부장관

안과학회는 국민을 오도하고 있습니다

안과학회는 법과 관행을 이해하지 못하는 무지의 소치로써 눈의 건강을 위한다는 미명 아래 국민을 현혹하고 안경사를 매도하는 비이성적 행동을 즉각 중단할 것을 촉구하며, 안질환 치료 및 수술에 의한 실명은 있어도 안경착용에 따른 실명은 단 한 번도 없음에도, 마치 안경사에게 안경을 맞추면 실명이라도 되는 것처럼 국민을 오도하는 행동을 엄숙히 경고합니다.

또한 세계적 수준의 안경조제술을 갖고 있는 국내 안경사를 마치 국민시력을 훼손시키는 가해자로 언론에 선동하고, 국민시력보건 증진을 위해 국회에서 만장일치로 제정된 관계법규를 안경사가 압력을 가해서 만든 것처럼 악의에 찬 호소문을 게재한데 대하여 우리 모두는 경악과 함께 분노를 느끼며, 이에 대한 공개사과를 하지 않을 경우 결코 묵과하지 않을 것임을 천명하는 바입니다.

<u>안경은 안경사에게, 안질환은 안과의사에게</u>
<u>안과의사는 안경 및 콘택트렌즈 판매행위보다 진료에 힘써야 합니다.</u>
안질환에 관한 것은 안과의사가 할 일이고, 안경조제 및 판매는 안경사가 해야 하는 고유 업무입니다. 세계적으로 안경조제기술을 인정받고 있는 현 상황에서 안경의사가 안경사의 고유 업권을 침해하려는 듯, '국민 여러분 눈이 중대한 위기를 맞고 있다. 시력을 잃으면 전 세계를 잃는다'는 국민을 기만하는 무책임한 발언을 하는 것은 유감이 아닐 수 없습니다. 콘택트렌즈 판매도 의료용구판매업 허가를 받으면 판매할 수 있도록 되어있습니다. 그런데도 안경원의 콘택트렌즈 판매를 막는 것은 인술보다 상술을

하겠다는 저의가 있는 것으로 생각하지 아니할 수 없습니다.

국민 여러분, 안경은 안경사만이 조제 · 판매할 수 있습니다.
안경사 제도를 도입한 근본취지는 국민시력보건을 유지 향상시키기 위하여 국회에서 만장일치로 제정한 법률에 따른 것입니다. 또한 안과학회는 현행법 제정(87년 11월 28일) 시 안경인협회와 합의하여 안경사는 안경을 조제 · 판매하기 위한 자각적 굴절검사, 자동굴절검사기기 사용과 콘택트렌즈 판매를 할 수 있게 허용하였음에도 불구하고 법을 새로이 개정하는 것처럼 국민을 오도하고 있습니다.

우리나라의 안경에 관한 기초학문의 수준은 협회 설립을 계기로 비약적인 발전을 거듭해 왔습니다. 특히 안경고등기술학교 설립을 비롯하여 대학에서의 안경광학과 개설과 전 회원을 대상으로 한 통신교육, 안과학회에 의한 눈의 굴절이상, 시기해부학, 시기능 생리학, 안질환 등 15년간에 걸쳐서 안경관련 교육을 마쳤습니다. 이로써 안경사는 국가고시를 통하여 안경사만이 안경을 조제 · 판매할 수 있는 법적 보장과 함께 국민시력보호에 만전을 기하면서 책임을 갖도록 되었습니다.

행정당국에 다음과 같이 요구합니다.
1. 타각적 시력굴절검사기에는 안과의사가 약제를 사용한 굴절검사기와 광학적 굴절검사기가 있는 바, 이를 구별치 않고 전체를 못하게 하는 것은 부당한 처사입니다. 이에 안과의사들이 약제를 사용해서 검사하는 자 · 타각적 굴절검사기 이외의 안경사가 사용하는 자 · 타각적 굴절검사기는 반드시 사용할 수 있도록 성문화할 것을 요구합니다. 최첨단 과학문명의 이기인 광학적 첨단 장비를 국민 안보건을 위하여 안경사가 사용할 수 있도록 명문화하여 줄 것을 간곡히 요구합니다.

2. 안과의사가 콘택트렌즈 및 안경관련용품을 판매하는 것은 상행위로 위법이며, 안과 내에서의 상품판매행위를 금지시켜 줄 것을 강력히 요구합니다.

안과학회에 질의하니 공개 답변바랍니다.

1. 의료기사법 시행령은 이미 시행중입니다. 대한안경인협회가 압력을 가해 시행 전에 재개정을 했다고 하는데, 압력을 어느 기관, 누구에게 어떤 방법으로 가했는지 밝혀주기 바랍니다.

2. 안경원의 콘택트렌즈 판매 및 굴절검사까지 합법적으로 허용하면 백내장, 망막염 등 오진과 각막손상을 일으킨다는데, 그 근거와 안경원, 안경사를 밝혀주기 바랍니다.

3. 안경조제를 위한 시력검사는 관행적으로 행하여져 온 것으로써 의료행위가 결코 아닌데도 불구하고 안과학회는 대한안경인협회와 행정당국이 밀착하여 의료행위가 아닌 것으로 만든 것처럼 오도한 내용에 대하여 그 근거를 밝혀주기 바랍니다.

이상의 3개 질의에 대해서 대한안과학회는 1990년 4월 30일 한으로 공개 답변바라며, 만약 질의에 대한 답변이 없을 시는 전국 안경인들의 명예모독 및 허위사실을 유포한 것으로 인정, 법적 절차를 밟을 것임을 알려드립니다.

1990년 4월 22일

대한안경인협회 회장 김태옥

안경사법 입법 등
법률적으로 완전 마무리

안과학회의 마지막 법적 투쟁,
헌법소원 제기

1990년 당시 안경사법(의료기사법) 시행령 개정안이 국무회의에 상정되고 대통령 결재와 공포를 기다리고 있을 때였다. 의사협회 소속 안과학회가 이 시행령의 업무범위가 위법 부당하다면서 행정소송을 제기했다.

안과의사들은 의료법상의 의료권, 의료행위, 업무침해 등의 문제를 거론했다. 안경사에게 시력검사 행위를 허용한 의료기사법 시행령 제2조 제1항 제8호가 안과의사의 직업 선택의 자유 등을 침해한다면서 1992년 4월 21일 헌법재판소에 이 사건 헌법소원 심판(92헌마87)을 청구했다.

안과의사들은 개정된 안경사법에 의해 안경사가 자동굴절검사기기를 통해 시력검사를 하는 것에 반대하기 위해 헌법재판소에 안경사법의 폐지 내지 개정을 얻어내기 위해 보건사회부를 법률상대로 위헌 심판을 청구했다.

보건사회부는 안경사에게 허용된 자동굴절검사기기를 사용한 시력검사는 의료행위에 해당되지 않으며, 전문지식을 갖춘 안경사는 국민 눈 건강에 위험을 줄 소지가 없다고 답변했다.

안경사협회는 전국 안과의원 수는 500개소이나 그중 484개소가 시 단위 지역에 집중되어 있고 17개소만이 군 단위 지역에 분포되었음을 지적했다. 모든 안경의 조제를 안과의사에게 처방받도록 한다면 급증하는 안경 사용자의 수요를 충족시키기 어려워 불편을 초래한다고 의견을 제출했다.

헌법소원 기각, 안경사법 완전 정착

안과학회의 헌법소원은 1993년 11월 25일 헌법재판소에서 재판관 전원 일치 판결로 기각되어 보건사회부의 승소로 결론지어졌다. 이는 기존 안경사 업무에 대한 완벽한 법적 지위를 받은 것으로 해석된다. 헌법재판소는 최종 판결 결정문을 통해 안경사 제도를 외국 사례를 들어 의학 분업적 차원의 독립적 의료제도로 정의하고, 그 업무를 준의료행위로 인정하였다.

안경사법을 제정한 보건사회부가 승소함으로써 안경사법이 완전하게 마무리되었다. 오랜 시간과 자금을 투자한 소송이었고, 학문 및 이론 대결을 펼쳤으며 국민 여론을 안경사에게 유리한 방향으로 돌릴 수 있었기에 승소할 수 있었다. 이를 통해 안경사법을 통한 안경사 제도가 완전히 정착된 것으로 평가할 수 있다.

협회는 헌법소원 승소를 신속하게 보도하기 위해 안경계 호외판을 긴급 제작하여 안경사와 각 시도지부에 배포했다. 호외판에는 판결문을 해설하고 승소의 의미를 게재하고 외국 사례와 각계 의견을 덧붙였다. 판결 결정문 전문은 164쪽에서 자세히 확인할 수 있다.

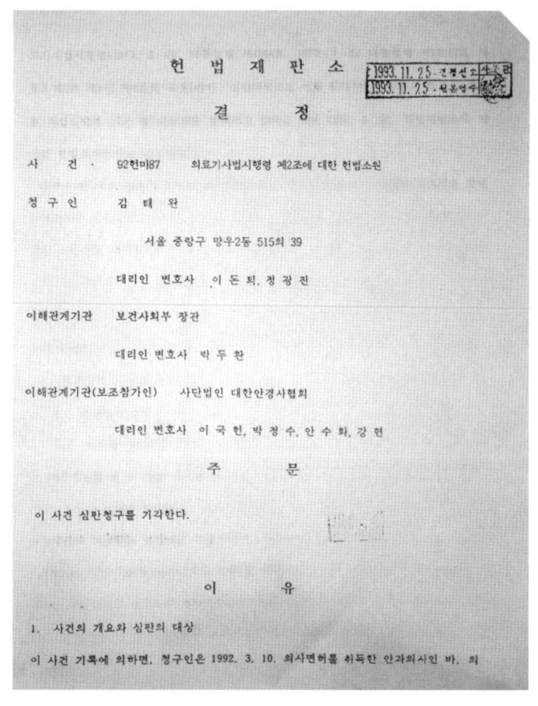

헌 법 재 판 소

1993. 11. 25. 결정선고
1993. 11. 25. 원본영수

결 정

사 건 · 92헌마87 의료기사법시행령 제2조에 대한 헌법소원

청 구 인 김 태 완

서울 중랑구 망우2동 515의 39

대리인 변호사 이 돈 희, 정 광 진

이해관계기관 보건사회부 장관

대리인 변호사 박 두 환

이해관계기관(보조참가인) 사단법인 대한안경사협회

대리인 변호사 이 국 헌, 박 정 수, 안 수 화, 강 현

주 문

이 사건 심판청구를 기각한다.

이 유

1. 사건의 개요와 심판의 대상

이 사건 기록에 의하면, 청구인은 1992. 3. 10. 의사면허를 취득한 안과의사인 바, 의

안과학회 헌법소원 기각 문서

헌법재판소 결정

사건 : 92헌마 87의료기사법 시행령 제2조에 대한 헌법소원
청구인 : 김태완(대리인 변호사 이돈희, 정광진)
이해관계기관 : 보건사회부장관(대리인 변호사 박두환)
이해관계기관(보조참가인) : 사단법인 대한안경사협회(대리인 변호사 이국헌, 박정수, 안수화, 강현)

주문 이 사건 심판청구를 기각한다.

이유 87 의료기사법 시행령 제2조에 대한 헌법소원 사건 심판청구 기각

기각 이유

1. 사건의 개요와 심판의 대상

이 사건 기록에 의하면, 청구인은 1992. 3. 10. 의사면허를 취득한 안과의사인 바, 의료기사법 시행령(1973. 9. 20. 대통령령 제6864호, 1990. 8. 8. 대통령령 제13067호 개정) 제2조 제1항 제8호의 규정(이하 '심판대상규정'이라 한다)이 청구인의 헌법상 보장된 직업선택의 자유 등 기본권을 침해하고 있다고 하여 1992. 4. 21. 헌법재판소에 이 사건 헌법소원심판을 청구하였다.

따라서 이 사건 심판의 대상은 심판대상규정이 청구인의 헌법상 보장된 기본권을 침해하였는지의 여부인데, 그 내용은 다음과 같다. "안경사는 시력보정용안경의 조제(콘택트렌즈의 조제를 제외한다) 및 판매 업무에 종사한다. 이 경우 안경도수를 조정하기 위한 시력검사(약제를 사용하는

시력검사 및 자동굴절검사기기를 사용하지 아니하는 타각적 굴절검사를 제외한다)를 할 수 있다. 다만, 6세 이하의 아동에 대한 시력보정용안경의 조제 · 판매는 의사의 처방에 의하여야 한다."

2. 청구인의 주장 및 관계기관의 의견 요지

가. 청구인의 주장

(1) 의료법 제12조와 제25조에 의하면, 의료행위는 의료인만이 할 수 있는 것으로서 의료행위를 할 수 있는 권리는 의료법상의 권리인 동시에 헌법 제22조 제2항 소정의 과학기술자의 권리에 해당한다. 심판대상규정은 눈의 굴절검사가 전문적인 안과의사의 의료행위에 해당하는 것임에도 안경사에게 시력보정용안경의 조제 · 판매 시 도수조정(度數調整)을 위한 시력검사(제외사항 있음)를 허용하고 있고, 7세 이상의 사람에 대하여는 의사의 처방없이도 안경사가 자동굴절검사기기를 사용하는 타각적 굴절검사를 하여 안경을 조제 · 판매할 수 있게 함으로써 안과의사의 의료권과 직업선택의 자유를 침해하고 있다.

(2) 의사의 전문적이고 정확한 진료 · 처방없이 안경을 조제 · 장착케 하는 것은 국민 건강에 유해한 결과를 초래할 위험성이 크므로, 헌법 제36조 제3항의 국민의 보건에 대한 권리도 침해하는 것이다.

(3) 콘택트렌즈의 판매를 안경사에게만 허용하고, 안과의사에 대하여서는 콘택트렌즈 장착 여부를 검진하는 의료행위에 당연히 부수되어야 하는 판매행위를 금지시키고 있는 바, 이는 헌법 제11조의 평등권, 제15조의 직업선택의 자유를 침해하는 것이다.

나. 법무부장관의 의견 요지

(1) 이 사건 헌법소원심판청구는 자기 관련성을 갖추지 못하였다.

(2) 심판대상규정은 1990. 8. 8. 개정 공포되어 그날부터 시행된 법규로서, 이 사건 심판청구는 동 시행령이 공포 시행된 날로부터 180일 이내에 제기되지 못한 것이어서 청구기간이 도과된 것이다.

(3) 이 사건 헌법소원심판청구가 제소 요건을 구비하고 있다고 하더라도, 다음과 같은 이유로 마땅히 기각되어야 한다.

첫째, 의료인이 가지는 의료권은 의사의 면허에 의하여 얻어지는 법적지위에서 생겨나는 반사적 이익에 불과하므로, 의료권은 헌법 제22조 제2항이 규정하고 있는 과학기술자의 권리와는 별개의 것이다.

둘째, 심판대상규정은 안경사에게 자동굴절검사기기에 의한 기계적 검사만을 허용할 뿐이고, 약제를 사용하는 시력검사 및 자동굴절검사기기를 사용하지 아니하는 타각적 굴절검사는 할 수 없게 하고, 6세 이하의 아동들의 경우에는 의사의 처방에 의하여 안경을 제조할 수 있게 하였고, 의료기사법 제13조의 3은 안경사 국가시험에 합격한 자들만이 검안행위를 시행할 수 있게 하고 있으므로, 국민의 보건을 침해할 우려는 없다.

셋째, 의료기사법 제13조의 4의 규정에도 불구하고 안과의사도 진료행위에 부수하여 콘택트렌즈를 판매할 수 있으므로, 심판대상규정은 청구인의 평등권과 직업선택의 자유를 침해하는 것이 아니다.

다. 보건사회부장관의 의견

(1) 자동굴절검사기기를 사용한 시력검사를 안경사에게 허용한 것은 안경사의 생존권 보장을 위한 것이고, 안경의 조제 · 판매에 전제되는 기계에 나타난 형상을 참고로 하는 예비적 검사에 불과하여 안과의사가 행하는 의료행위에 해당되지 아니한다.

(2) 현행 안경사 제도에 의할 때 안경사는 일정 수준 이상의 전문지식을 갖춘 자이므로, 현행 안경사의 업무행위는 국민의 건강에 위험을 줄 소지가 없다.

(3) 현행 법규에 의할 때 안과의사의 콘택트렌즈 장착행위는 단순한 영리 목적인 상행위로서의 판매행위만 분리해서 허용되지 않을 뿐, 진료행위에 수반하여 환자에게 장착시켜 주거나, 환자의 요구에 의한 장착행위는 진료행위의 일부로서 당연히 인정되고 있는 것이므로, 콘택트렌즈의 장착·판매를 안경사에게 독점시키고 있다는 청구인의 주장은 이유 없다.

라. 사단법인 대한안경사협회의 의견

(1) 안경사의 굴절검사 행위는 눈에 알맞은 안경을 선택하기 위하여 비정시의 정도를 측정하는 것에 불과하므로, 비정시의 원인을 규명하여 이를 치료하는 의료행위가 아니다.

(2) 전국의 안과의원 수는 501개소이나, 그 중 484개소가 시 단위 지역에 집중되어 있고, 불과 17개소만이 군 단위 지역에 분포되어 있어 모든 안경의 조제에 안과의사의 처방을 필요로 하게 한다면, 날로 증가하고 있는 안경사용자의 굴절검사 수요를 충족시키기 어렵고, 일반 국민의 의식에도 부합하지 않는다.

3. 판단

가. 심판청구의 적법성

이 사건은 법령에 대한 헌법소원이므로, 자기 관련성·직접성·현재성을 갖추고 있어야 한다.

일반적으로 눈의 시력검사와 교정은 안과의 영역에 관련되는 업무이고, 자동굴절검사기기를 사용하는 타각적 굴절검사를 안경사에게 허용하고 있는 심판대상규정에 대하여 안과의사인 청구인이 자신의 권리가 침해되었다고 다투고 있는, 이 사건 심판청구는 자기 관련성을 갖추고 있다고 할 것이며, 현재성과 직접성을 갖추고 있는 점도 의문의 여지가 없다.

이 사건은 법령에 대한 헌법소원이다. 헌법재판소법 제68조 제1항 본문에 규정된 공권력 가운데에는 국회의 입법권 및 행정입법권도 당연히 포함된다 할 것이므로, 법령에 대한 헌법소원도 당연히 가능하다.

다만, 법령에 대한 헌법소원의 청구기간은 원칙적으로 그 법령의 시행과 동시에 기본권의 침해를 받게 된다고 할 것이므로, 동법 제69조 제1항에 따라 그 법령이 시행된 사실을 안 날로부터 60일 이내에, 법령이 시행된 날로부터 180일 이내에 헌법소원을 청구하여야 할 것이나, 다만 법령이 시행된 뒤에 비로소 그 법령에 해당되는 사유가 발생하여 기본권의 침해를 받게 된 자는, 그 사유가 발생하였음을 안 날로부터 60일 이내에, 그 사유가 발생한 날로부터 180일 이내에 헌법소원을 청구하여야 할 것이다.

여기서 "사유가 발생한 날"이라는 것은 당해 법령이 청구인의 기본권을 명백히 구체적으로 현실 침해하였거나, 그 침해가 확실히 예상되는 등 실체적 제요건이 성숙하여 헌법판단에 적합하게 된 때를 말한다는 것이 헌법재판소의 확립된 판례인 바(헌법재판소 1990. 6.25. 선고, 89헌마220 결정 및 1990. 10. 8. 선고, 89헌마89 결정 참조), 이 사건에 있어서 청구인이 안과의사로서의 면허를 취득한 일자는 1992. 3. 10.이므로, 그 때가 그 법령에 해당하는 사유가 발생한 경우에 해당한다고 할 것인 즉, 1992. 4. 21.에 제기된 이 사건 심판청구는 청구기간 내에 행하여진 것으로서 적법하다 할 것이다.

나. 본안에 관한 판단

먼저 안경사 제도의 도입 배경을 개관한다.

1987. 11. 28. 법률 제3949호로서 의료기사법에 제13조의 3 제1항, 제2항(안경사 제도)이 신설되기 전까지는 안경이나 콘택트렌즈는 약사법(제2조 제9항)상 의료용구의 일종으로 취급되었고, 같은 법 제42조 제1항에서 "약국 개설자 및 의약품판매업자가 아닌 자로서 의료용구 또는 위생용품의 판매업을 하고자 하는 자는 보건사회부령이 정하는 바에 의하여 시장 · 군수 또는 구청장에게 등록하여야 한다"고 되어 있는 외에는, 안경 또는 콘택트렌즈의 판매업에 종사하는데 대해 법상 아무런 제한이 없었으므로, 안경업소를 경영하려는 자나 의료행위의 일환으로서가 아니라, 단순히 안경이나 콘택트렌즈의 판매업을 겸업하려는 안과의사는, 위 법 조항에 따른 등록만으로 안경 또는 콘택트렌즈의 판매업에 종사할 수 있었던 것입니다.

그러나 위 개정된 의료기사법은 안경사 제도를 새로이 도입하여 그 자격, 면허 등을 규정하면서 안경사의 업무범위를 시력보정용안경의 조제 및 판매업과 콘택트렌즈의 판매업으로 한정함과 동시에(의료기사법 제13조의 3 제1, 2항, 제3조, 제13조의 4, 동법 시행령 제2조 제1항 제8호 참조), 안경사가 아니면 안경사의 업무를 행하지 못하도록 규정하고(동법 제13조의3 제2항, 제11조 제1항 참조), 동법의 규정에 의한 안경업소에 대하여는 위 약사법 제42조의 규정을 적용하지 아니한다고 규정하였다(동법 제17조의 4).

즉, 안경사 제도는 자격없는 자가 함부로 안경이나 콘택트렌즈를 조제 · 판매한다면 국민의 안 건강에 해를 끼칠 수 있다는 반성적 고려에서 국민보건향상을 위하여 신설된 제도로서 안경이나 콘택트렌즈의 판매업은 다른 의료용구 등 판매업과는 달리 법 소정의 자격있는 안경사만이 행할 수 있게 하기 위한 것이다.

위와 같은 전제 하에 이 사건 헌법소원심판의 청구를 살펴본다. 그리고 청구인은 심판대상규정이 헌법 제11조 제1항의 평등권, 제15조의 직업선택의 자유, 제22조 제2항의 과학기술자의 권리, 제36조 제3항의 국민의 보건에 관한 권리를 침해하는 것이라고 주장하고 있으므로, 아래에서 각각 그 기본권의 침해여부를 판단한다.

(1) 과학기술자의 권리 또는 국민의 보건에 관한 권리침해 여부
헌법 제22조 제2항의 과학기술자의 권리와 제36조 제3항의 국민의 보건에 관한 권리는 청구인이 침해를 주장하고 있지만, 이 사건에 있어서는 직접 관련이 있는 규정이라 보기가 어렵다. 먼저 헌법 제22조 제2항은 "저작자 · 발명가 · 과학기술자와 예술가의 권리는 법률로써 보호한다"고 규정함으로써 과학기술자의 특별보호를 명시하고 있으나, 이는 과학 · 기술의 자유롭고 창조적인 연구개발을 촉진하여 이론과 실제 양면에 있어서, 그 연구와 소산(所産)을 보호함으로써 문화창달을 제고하려는데 그 목적이 있는 것이며, 이에 의한 하위법률로서 저작권법, 발명보호법, 특허법, 과학기술진흥법, 국가기술자격법 등이 있는 것이다.

따라서 이는 국민의 건강을 보호 증진함을 목적으로 국민의료에 관한 사항을 규정한 의료법에 의하여 보호되는 의료인과는 보호의 차원이 다르다고 할 것이다. 물론 의료인의 안과의사의 직역이 의료행위와 관련하여 의학과 그 실제 운용 등 면에서 하는, 그 연구개발에 대하여서는 과학기술자로서 보호받을 수 있을 것이나, 여기서 말하는 과학기술자의 보호 규정과는 그 목적과 보호법익이 일치한다고 할 수 없는 것이다. 과학기술자의 범주에 포함될 수 있는 것이라면, 안경사의 그것도 경우에 따라서는 과학기술자의 범주에 포함될 수 있을 것이어서, 과학기술자의 권리보호 규정을 들어 안과의사와 안경사를 구분 짓는 것은 적당하지 않을 것이라 사료된다.

다음으로 헌법 제36조 제3항은 "모든 국민은 보건에 관하여 국가의 보호를 받는다"고 규정하여, 국가의 국민보건에 관한 보호 의무를 명시하고 있으므로 국가는 국민보건의 양적, 질적 향상을 위하여 제반 인적 · 물적 의료시설을 확충하는 등 높은 수준의 국민보건증진 의료정책을 수립 · 시행하여야 할 것이나,

이 국가의 보호 의무가 바로 국민의 현실적, 구체적인 기본권인지, 프로그램(입법방침)적 내지는 추상적 기본권인지의 여부는 일응(일단) 접어두더라도, 이 헌법조항에 의한 권리를 헌법소원을 통하여 주장할 수 있는 자는, 직접 자신의 보건이나 의료문제가 국가에 의해 보호받지 못하고 있는 의료 수혜자(受惠者)적 지위에 있는 국민이라고 할 것이므로, 청구인과 같은 의료 시술자(施術者)적 지위에 있는 안과의사가 자기 고유의 업무범위를 주장하여 다투는 이 사건은 이에 해당된다고 볼 수 없어 자기 관련성을 인정하기 어려운 것이다.

(2) 직업선택(수행)의 자유의 침해여부

청구인은 이 사건 심판대상규정이 헌법 제22조 제2항에 의하여 보장되고 있는 청구인의 직업선택의 자유를 침해하는 것이라고 주장하는데, 그 요지는 시력보정용안경의 조제 시 안경도수를 조정하기 위한 자동굴절검사기기를 사용하는 타각적 시력검사(약제를 사용하는 시력검사 및 자동굴절검사기기를 사용하지 아니하는 타각적 굴절검사 제외)를 안경사에게 허용하는 것과 7세 이상의 사람에 대한 시력보정용안경의 조제 · 판매 시 안과의사의 처방을 필요치 않게 규정한 것은, 안과의사인 청구인의 직역인 의료행위를 안경사에게 인정한 것으로써 청구인의 직업선택의 자유를 침해하는 것이라는 것이다.

먼저 안경사의 자격 및 업무내용을 살펴본다. 의료기사법 제13조의 3에

의하면 "안경사는 전문대학 이상의 학교에서 대통령령이 정하는 안경광학 분야의 학과를 전공하고 졸업한 자나 보건사회부장관이 인정하는 외국의 안경사면허를 받은 자 또는 위 각 경우에 해당하는 자와 동등한 자격이 있다고 보건사회부장관이 인정하는 자로서 대통령령이 정하고 있는 안경사 국가시험에 합격하여 보건사회부장관의 면허를 받은 자를 말한다"고 되어 있고,

같은 법 제13조의 4에 의하면 "안경사가 아니면 안경의 조제 · 판매를 하는 안경업소를 개설할 수 없으며, 여기에는 보건사회부령이 정하는 수의 안경사와 시설을 갖추어야 한다"고 규정되어 있어, 그것이 안경업소 개설 등록 요건인 것이다.

그런데 이 사건 헌법소원심판청구의 주된 쟁점은 심판대상규정이 안경사에게 허용하고 있는 한정된 범위의 시력검사가 과연 안과의사의 전담업무 영역인지의 여부라고 할 것인데, 눈의 굴절검사라고 하는 것은 눈 속 동공(瞳孔)을 통하여 광원(光源)을 투입하여, 그 반사에 따른 눈의 굴절력을 객관적으로 검사하는 것으로서, 자동굴절검사기기를 사용하는 타각적 굴절검사가 의료법 소정의 의료행위인지의 여부를 가리는 것이 선결과제라고 할 것이다.

의료행위가 무엇을 의미하는 것인지는, 의료법에도 그 개념정의가 나와 있지 않다. 일반적으로 좁은 의미에서는 상병(傷病)의 부위와 원인을 전문적 기법으로 진단하여, 그에 가장 적절한 대응방법을 선택하여 치료하는 것과 질병을 미연에 예방하는 것을 포함하는 것이라고 개념정의를 하는 것 같으나, 그것이 의료법에 명시되어 있는 것은 아니다.

의료법상으로 보건대 제1조(목적)에는 " · · · 의료의 적정을 기하여 국

민의 건강을 보호, 증진함을 목적으로 한다"고 규정되어 있고, 이어서 제2조 제1항(의료인의 개념)에 보면 "보건사회부장관의 면허를 받은 의사 · 치과의사 · 한의사 · 조산사 및 간호사를 말한다"고 규정되어 있으며, 제2항에는 "의료인은 그 종별에 따라 다음 각호의 임무를 수행함으로써 국민보건의 향상을 도모하고, 국민의 건강한 생활 확보에 기여함을 사명으로 한다. 1. 의사는 의료와 보건지도에 종사함을 임무로 한다(제2호 내지 제5호 기재 생략)"고 되어 있어서 의료행위가 국민보건의 향상 및 국민의 건강한 생활 확보에 기여하는 행위라는 것만을 명백히 하고 있을 뿐인 것이다.

의료행위의 개념을 위와 같이 파악할 때 국민보건에 관련되는 업무가 모두 의료인 전속의 것은 아니라는 것을 알 수 있으며, 다만 의료인이 행하는 의료행위에 대하여서는 원칙적으로 누구든지 간섭할 수 없게 하여(의료법 제12조) 의료인을 보호하고 있는 것이다.

따라서 예컨대 식품위생법 소정의 조리사 · 영양사도 현행법상 의료인은 아니지만, 국민보건에 관계되는 전문업무를 수행하는 자이고, 의료법에서 그 자격제도를 인정하고 있는 침구사(鍼灸師) · 접골사 등 의료 유사업자나 안마사 같은 경우도 마찬가지이며, 그 외에 의료기사법 소정의 의무기록사(醫務記錄士), 안경사(眼鏡士)도 국민의 보건 및 의료향상에 기여하는 업무를 수행하는 자라고 할 수 있는 것이다(다만 의료기사 즉, 임상병리사, 방사선사, 물리치료사, 작업치료사, 치과기공사, 치과위생사는 의료기사법 제1조 및 제2조에 의거 의사, 치과의사의 지도를 받게 되어 있다).

안경사의 업무인 안경조제 행위 및 그 전제가 되는 도수측정 행위는 의료기사법 제3조, 제13조의 3 제1, 2항, 동법 시행령 제2조 제1항 제8호의 규정을 근거로 하고 있는 국민의 보건 및 의료향상 행위로서, 그것은 의료법 소정의 의료행위와는 별개의 법령에 의하여 안경사에 허용된 업무행위이며, 의료법을 근거로 해서 그 가부를 논할 성질의 것이 아닌 것이다.

환언하면 의료인은 의료법에 의하여 의료행위를 할 수 있고, 안경사를 포함한 의료기사는 의료기사법에 의하여 의료향상 기여 행위를 할 수 있는 것이며, 의료법 제2조와 의료기사법 제13조의 3 제1, 2항, 제3조, 의료기사법 시행령 제2조 제1항 제8호는 서로 모순되거나, 충돌될 여지가 없는 것이다.

보건에 관한 국가의 국민보호 의무에 정면으로 저촉되지 않는 한 국가는 국민에 대한 보건의료정책에 관하여 폭넓은 (입법)재량권을 보유하고 있다고 할 것이며, 따라서 어떤 법률(예컨대 의료법)을 근거로 해서 다른 법률(예컨대 의료기사법)의 위헌 여부를 논할 수는 없는 것이고, 의료인이라고 할지라도 의료법이라는 법률에 의하여 면허된 범위 내의 의료행위만 할 수 있을 뿐이고, 그 이외의 의료행위를 할 수 없음은 너무나 당연한 논리인 것이다(의료법 제25조 제1항 참조).

자동굴절검사기기를 사용하는 타각적 굴절검사는 의료기사법 및 동 시행령 상으로는, 그 자체가 바로 시력장애의 원인을 진단하고 안과질환을 발견·치료하는 의료행위는 아니다. 자동굴절검사기기가 안과의사의 진료과정의 일부로 활용될 수는 있겠으나, 의료기사법령 상으로는 이를 사용하는 타각적 굴절검사는 사람의 눈의 비정시(非正視) 정도를 측정하기 위한 것으로써 안경을 조제함에 있어 시력표에 의한 시력검사에 따르는 부정확성과 불편을 줄이고, 시력검사의 정확성을 제고하기 위한 검사에 지나지 않는 것이다.

따라서 위 검사방법이 의료법상의 의료행위의 개념과 일부 중첩되는 면이 있더라도, 위 두 개의 법률이 서로 저촉된다고 할 수가 없으며, 이러한 검사방법을 의료기사법이 일정한 자격을 갖춘 안경사에게 허용하였다고 하여, 그것이 의료법과 모순된다고 할 수 없음은 물론 더 나아가 심판대상 규정이 위헌적인 법률이라고는 더욱 할 수 없는 것이다. 안경사가 시력표에 의한 시력검사 대신에 과학기술의 발전에 따라 고안된 장치인 자동굴절검사기기를 사용하여 시력검사를 하는 것은 문화적 이기(利器)를 안경조제에 원용하는 것에 불과하며, 안경사에게 그 사용을 금지시켜야 할 합리적 이유는 찾기 어려운 것이다.

청구인의 주장대로 안경사가 행하는 검사방법으로는 가성근시(假性近視)와 같은 경우 검출이 되지 않아 치료의 적기를 일실(逸失, 잃어버림)할 우려가 있다는 지적도 충분히 고려할 만한 가치가 있지만, 가성근시 등 일부 국민의 안 건강 보호증진을 위해 필요하다고 해서(예컨대 노안을 포함하여 특별히 안과계통의 질환이 없으면서도 안경을 필요로 하는) 모든 국민으로 하여금 반드시 안과의사의 처방을 받도록 강제하는 것이 과연 온당하고 바람직한 조처인가 하는 것은 의료에 관한 국민의 법 감정, 국민의 소득 및 의료수준과 안과의사의 수효, 개업지 분포상태 등을 따져 결정할 국가의 입법정책의 문제라고 할 것이다.

그런데 안경을 조제함에 있어 자동굴절검사기기를 이용한 타각적 굴절검사가 전혀 합당하지도 않고, 오측정(誤測定)이 빈발하는 것이라고 하기는 어려울 것이며, 그것이 일정한 수준의 기능을 가진 전문가에 의하여 조작되어 시력검사에 사용되는 것이라면, 이것은 보건 및 의료향상 기여행위의 일환이라고 할 수 있을 것이며, 그러한 보건체제를 잘못된 것이라고 비난할 수는 없다고 할 것이다.

약제를 사용하는 검사라거나, 자동굴절검사기기를 사용하지 않는 타각적 굴절검사 및 7세 미만의 어린이에 대한 검사는 처음부터 안경사에게 허용되고 있지 않을 뿐만 아니라, 그 이외의 안경수요자라 할지라도 일반적 안경업소에서 행하는 시력검사를 신뢰하지 않거나, 선호하지 않은 경우에는 안과의사를 찾아 시력검사를 받으면 될 이치인 것이므로, 현행의 법 체제 하에서 국민이 정확한 시력검사를 받는데는 아무런 불편이나 장애가 없는 것이다.

현행법상 국민 모두에게 안과의사로부터 눈의 굴절검사를 받을 수 있는 길이 충분히 보장되어 있고, 안경의 조제 · 판매와 관련된 한도 내에서는, 이 사건 심판대상규정이 정하고 있는 바와 같이 안경사에 의한 간단한 시력검사도 받을 수 있는 편법도 마련되어 있는 것이므로, 안경의 수요자인 국민 스스로의 판단으로 안경사의 간편한 시력검사를 거쳐 안경을 조제 · 구입하건, 안과의사를 찾아 전문적인 진단을 받은 연후에 그 처방에 따라 안경을 조제 · 착용하건 그 선택권이 보장되어 있는 것이며, 심판대상규정이 안과의사의 진료를 차단하거나, 봉쇄하고 있는 것은 아닌 것이다.

현실적으로는 청구인 대리인이 제출한 자료에서 볼 수 있는 바와 같이 안경사의 시력검사의 과오로 인하여 안과질환이 심화되는 경우가 있을 수 있겠으나, 그러한 경우에 대비하여 안과적으로 특이한 질환이 없는 모든 안경수요자에게 안과의사의 처방을 필요적으로 경유하게 한다면 안과의사로서도 감당하기가 어렵고, 수요자에게도 불필요한 번거로움을 주는 결과가 될 수 있을 것이기 때문에, 현재와 같은 국민의 안 보건환경 내지 의료체계상으로 볼 때 제한된 시력검사에 한하여 안경사에게 허용하고 있는 이 사건 심판대상규정이 위헌적인 제도라고 하기는 어려운 것이다.

물론 국민의 소득수준의 향상에 따라서 안경사의 교육내용이나 양성과정이 질적으로 개선되고, 안경사의 자질과 기능이 향상되며, 나아가 국민의 안(眼) 보건에 관련한 의료체계가 더욱 전문적으로 세분화된다면 검안사 제도도 새로이 생겨날 수 있을 것이고, 모든 국민은 현재의 상태보다 더욱 기술적으로 발전된 안 보건 서비스를 받을 수 있을 것임은 의문의 여지가 없다.

그러나 이는 장래에 있어서 우리가 기대하는 사실의 문제일 뿐 법적인 문제는 아니며, 따라서 이러한 장래의 기대를 들어 이 사건 심판대상규정이 허용하고 있는 안경사의 시력검사제도를 곧바로 위헌시 할 수는 없다고 할 것이다.

미국, 영국, 독일과 같은 선진 외국에서는 안과의사 이외에도 전문가인 검안사(檢眼師)제도를 두어, 이러한 굴절검사를 할 수 있게 인정하고 있는데, 우리나라에서는 안경사 제도 외에 별도로 검안사제도를 두고 있지 않다고 해서 검안사의 직역(職域)이 곧 안과의사의 직역이라는 논리는 성립될 수 없는 것이다. 왜냐하면 검안사라고 할지라도 그것이 의료인(안과의사)이 아닌 것은 명백하고, 그것이 안과의료 분야에서 독립되어 있는 별도의 직역인 것은 의문의 여지가 없기 때문이다.

외국의 검안사제도와 비교할 때 우리나라의 안경사 제도가, 그 교육과정이나 전문지식의 정도에서 다소 미흡한 부분이 있다고 해서, 그렇다고 해서 현재의 안경사 제도가 이러한 제한된 범위의 굴절검사조차도 할 수 없을 정도로 문외한이고 무자격인 자에게 이를 인정하고 있는 제도라고 할 수는 없을 것이고, 이 사건 심판대상규정이 정하고 있는 바와 같이 한정된 범위 내에서 자동굴절검사기기를 이용하여 시력검사를 하고, 그에 따라 안경의 도수를 조정하고, 이를 조제 · 판매하는 업무에 관한 한, 안경사는 안경을 착용하는 국민에게 보건 및 의료향상 측면에서 전문가적 편의를 제공하여 주고 있다고 할 것이다.

특히 현재 안과의사의 수요와 안경을 착용하는 국민의 수요로 볼 때 안과의사가 없는 지역에서의 안경사의 역할은 크다 할 것이며, 특히 안경사에 의한 시력검사 결과 안질환의 의심이 있는 자를 선별하여 안과병원에 연계(連繫)해 주는 관행이나 보건체제가 확립된다면, 아마도 안경사는 현재보다 국민의 안(眼) 보건증진에 훨씬 큰 기여를 할 수 있을 것이라 기대되는 것이다.

그렇다면 앞으로 안경사의 양성과정에 보다 더한 전문지식의 함양을 위한 제도개선과 안과질환의 조기발견 연계체계가 연구 검토되어야 할 과제인 것은 별론으로 하고, 안과의사가 자동굴절검사기기를 사용하여 하는 안경의 조제 · 판매까지 전담하는 것이 공익상 필수적인 것이라고 하기는 어렵고, 이 사건에서 문제 제기된 직업수행의 영역조정은 일반 공익과의 비교형량문제로서 입법자의 합리적 재량에 속하는 문제라 할 것이므로, 현재로서는 이 사건 심판대상규정이 안과의사의 전문적인 의료영역을 정면으로 침해하는 것이라고 할 수는 없는 것이고, 나아가 그 규정이 청구인의 직업선택(수행)의 자유를 침해하여 위헌이라고 결정하기는 더욱 어려운 것이다.

(3) 평등권의 침해여부

청구인은 의료기사법 제17조의 4와 이 사건 심판대상규정이 안과의사들의 콘택트렌즈 장착 · 판매행위를 금지하고 있는 것은 안경사와 안과의사를 차별대우하여 결국 청구인의 평등권을 침해하는 것이라고 주장한다.

즉, 콘택트렌즈를 환자에게 장착시킴에 있어서는 안과적으로 렌즈의 위치와 렌즈의 상하 움직임이 올바른지를 살펴야 하고, 검영법(檢影法)상 밝고 깨끗한 대칭적 반사가 있는 지와 시력검사 등이 반드시 따라야 하기 때문에 여기에는 세극등검사(細隙燈檢査)나 검영법 검사 등 안과의 전문적인 진료행위가 병행되어야 하며, 렌즈의 장착상태가 바르지 못할 경우에는 각막 및 결막의 질환 등이 초래될 우려가 있기 때문에, 그러한 전문적인 지식이 없는 안경사에게만 콘택트렌즈의 판매를 허용하는 것은 부당하다는 것이다.

청구인의 위와 같은 주장은 이유가 있다고 할 것이며, 바로 그 문제점을 고려하여 이 사건 심판대상규정이 안경사에 대하여서는 콘택트렌즈의 조제를 금지하고, 다만 그 판매행위만을 허용하고 있는 것으로 보여진다.

청구인이 주장하는 바와 같이 콘택트렌즈의 착용은 눈의 각막 전면에 직접 렌즈를 장착시켜 굴절이상을 교정하는 것이므로, 착용자의 각막의 만곡도(彎曲度)와 눈물층의 두께, 콘택트렌즈의 만곡도가 서로 합쳐져서 완전한 굴절도수가 결정되어야 하는 점을 고려하여 의료기사법과 동 시행령은 콘택트렌즈의 조제에는 안과의사의 전문적인 진료를 받도록 하고 있는 것이다. 결국 이 사건 심판대상규정은 안과의사와 안경사의 직역을 확연히 구획하여 분업화시키고 있으며, 그러한 사례는 다른 직역에서도 그 예를 찾아 볼 수 있는 것이다.

의약분업(醫藥分業)이 국민의 보건향상을 위하여 필요하다는 논리를 인정한다면 의경분업(醫鏡分業)도 같은 차원에서 거론될 수 있을 것이며, 청구인의 주장처럼 안과의사가 콘택트렌즈의 판매권까지 배타적으로 독점해야 한다는 논리는 합리적 근거를 찾기가 어려운 것이다.

안과의사는 그들의 진료행위에 병행 · 수반하여 당연히 환자에게 콘택트렌즈를 장착시킬 수 있는 것이며, 그러한 범위 내의 콘택트렌즈의 판매행위는 진료행위에 포함되는 것이라 할 것이므로(그 점은 보건사회부에서도 명확히 인정하고 있다), 진료행위와 관련이 없는 콘택트렌즈만의 판매행위는, 이를 금지하고 있다고 하여 청구인의 평등권이 자의적으로 침해되었다고 할 수 없는 것이다. 진료행위와 무관하게 콘택트렌즈만을 판매하는 행위는 의사가 의료행위와 관계없이 의약품만을 판매하는 경우와 마찬가지라고 할 것이며, 그것을 금지하고 있다고 해서 불합리하고 자의적인 차별이라고 할 수는 없는 것이다.

심판대상규정이 자의적으로 안과의사를 안경사와 차별하였을 때, 비로소 "같은 것은 같게, 같지 아니한 것은 같지 않게" 처리함으로써 실현되는 헌법 제11조에 정한 법 앞에서의 평등권을 침해하게 되는 것이라고 할 것인바(헌법재판소 1989. 4. 17. 선고, 88헌마 3 결정 참조), 이 사건 헌법소원은 그러한 경우에 해당한다고 할 수가 없는 것이다.

(4) 결론

이상과 같은 이유로 이 사건 심판청구는 이유없어, 이를 기각하기로 하여 관여재판관 전원의 일치된 의견으로 주문과 같이 결정한다.

1993. 11. 25.

재판장 재판관 조규광
재판관 변정수
재판관 김진우
재판관 한병채
재판관 이시윤
재판관 최광률
재판관 김양균
재판관 김문희
재판관 황도연

안경인협회에서 안경사협회로 전환

협회에 맞는 정관 및 규정 등 제정

안과의사와의 싸움이 다소 진정국면으로 접어들던 1990년 5월 31일 나는 안경인협회에서 안경사협회로의 전환에 따른 정관 등 제 규정 준비 및 심의를 위한 법제소위원회를 구성했다. 제2회 안경사시험을 통해 국가면허 소지자인 안경사들이 대거 탄생했기 때문에 안경사협회로의 전환이 필요하다고 판단했다.

나는 법제소위원회 위원들과 안경사의 권리와 의무에 대한 최선의 방안을 위해 심혈을 기울였다. 우리나라 안경 역사에 영원히 기록된다는 소명의식에서 잘 짜인 정관과 흠집 없는 정관 제정을 위해 노심초사했다. 국내 여타 기관의 우수 정관을 깊이 연구하면서 법정단체 준비에 박차를 가했다. 지난날의 불합리했던 정관 조항이나 문구에 새옷을 입히는 개정작업도 착수했다. 참신하고 미래 지향적이고 민주적인 정관을 만들겠다는 의지에서였다.

이처럼 사단법인 대한안경인협회에서 대한안경사협회로의 전환을 위해 고군분투하던 나와 9대 집행부의 노력으로 9월 4일 대한안경사협회는 발기인대회를 개최했다. 재적위원 92명 중 82명의 발기위원이 참석했다. 대한안경사협회 발족의 서막을 대내외에 알리는 첫 공식행사였다.

대한안경사협회 창립

1990년 9월 28일 여의도 63빌딩에서 대한안경사협회 창립총회가 열렸다. 국가면허를 획득한 안경사의 탄생을 알리는 역사적인 날이었다. 창립총회는 안경사 신분법제화로 통칭되는 의료기사법(안경사법) 개정령 공포와 국가 공인 안경사시대의 본격 개막이라는 두 기둥을 근간으로 힘차게 첫발을 내딛었다.

역사적인 창립총회를 맞아 전국의 대의원들은 총회 시작 1시간 전부터 회의장에 모여, 삼삼오오 짝을 지어 안경사법 개정과 안경사 국가시험, 각 시도지부 창립총회 뒷소식 등 담소를 나누었다. 대의원들의 밝은 얼굴에서 알 수 있듯이 대한안경사협회의 탄생이 있기까지 험난한 길이 연속되었지만 이제 모두 해결하고 잠시 여유를 즐기는 모습이었다.

창립총회에는 재적 임원 및 대의원 244명(발기인위원 14명, 각 시도지부 대의원 230명) 중 211명이 참석해 높은 관심을 보였다. 20여 년 동안 갈망해 온 안경사 신분법제화가 모든 안경인의 노력 끝에 이루어지고, 감격적인 창립총회까지 열게 된 것이다. 창립총회에서는 단독 입후보한 김태환 씨가 대한안경사협회 회장으로 선출되었다. 나는 격려와 당부의 말을 남겼다.

"원로 안경 선배님과 함께 현재의 안경인들의 살신성인에 입각한 자구노력으로 숱한 난제를 해결하여 오늘에 이르렀고 이러한 결과가 있기까지 성원해 주신 내빈 여러분께 감사드립니다. 그동안 불철주야 애쓰신 회원과 대책위원회에 경의를 표합니다. 1,200만 안경착용 인구는 안경사의 거듭 태어남을 바라고, 또 안경사의 능력과 지식을 인정하기에 국민께 봉사하고 헌신하는 자세를 견지하여 언제나 공부하고 연구하는 안경사가 되어주시기 바랍니다."

1990년 9월 28일, 이날은 대한안경사협회의 창립이라는 뜻깊은 날로 안경 역사에 기록되었다. 9월 28일은 '안경사법 반대 및 안경사국가시험 거부 전국결의대회'가 열린 날이자, 내가 '안경사의 날'로 지정한 의미 있는 날이어서 그 의의는 더욱 컸다.

안경인협회가 안경사협회로 바뀌는 총회

역사적인 창립총회가 열린 이날 오후 지난 1976년 사단법인 인가를 받은 이후 14년간 안경인을 대표해온 대한안경인협회가 대한안경사협회로 바뀌는 마지막 총회가 열렸다.

참석 대의원들은 길고 긴 고난의 시간과 기쁨의 순간, 아쉬움이 교차하는 안경인으로서 절대 잊을 수 없는 역사적인 날에 숙연해졌다. 대한안경인협회 9대 회장으로 기록될 나는 오전에 대한안경사협회 회장으로 선출된 김태환 회장과 연단 좌석에 나란히 앉아 과거와 현재가 공존하는 역사의 한 페이지를 장식했다. 이제 안경인은 안경사로 명칭이 바뀌었다. 그동안 전체 안경인의 권익보호와 업권 회복의 구심체 역할을 하던 안경인협회가 승화하는 순간이었다. "어려웠던 시기에 회장직을 맡아 안경사 제도를 올바르게 정착시킨 큰 업적을 세운 김태옥 회장님, 감사합니다." 모두가 감사의 인사말을 전했다.

나는 누구보다 열정적으로 살았던 지난 1년을 되돌아보며, 안경사 창조의 이정표를 세운 전국 회원들에게 모든 공을 돌렸다. 안경사시대를 맞이하여 국민 안보건을 위하는 안경사, 연구하고 공부하는 안경사가 되어 협회가 더욱 발전하는 데 힘을 보태줄 것을 강조했다.

대한안경인협회의 9대 집행부는 8대 회장의 중도 사퇴로 암흑천지였던 협회를 바로 세우는 데 앞장섰다. 안경인의 가장 큰 문제였던 안경사법은 물론 시행령과 시행규칙이 안경인의 의지대로 개정되도록 노력하고 큰 성과를 거두었다. 이로써 안경인이 국가자격 안경사가 되었다. 나는 안경사라는 직업을 만들고 대한안경인협회가 대한안경사협회로 올바르게 전환될 수 있도록 주춧돌을 마련하고 안경사로 돌아왔다.

1990년 9월 28일 대한안경사협회 창립총회

항상 눈도 밝고 마음도 밝기를 바라며

친애하는 전국 안경인, 그리고 안경광학과 교수님! 결실의 가을 문턱에서 그동안 성원해 주신 여러분께 눈물겹도록 고맙고, 다시 한 번 가슴을 여미면서 이제 여러분과 자주 만나지 못하게 된 것을 섭섭하게 생각합니다.

토요일이면 저는 평범한 안경인의 한 사람으로 되돌아갑니다. 본인도 그렇게 된 것을 자랑스럽게 생각하고, 그것을 손꼽아 기다리고 있었습니다. 더구나 우리 안경인의 희망과 미래가 약속되는 공인 안경사시대를 여러분과 다함께 열고서 즐거운 마음으로 다음 자리로 옮기게 됨을 기쁘게 생각합니다. 100여년 안경사에 일대 전환점을 맞이하면서 개인이 아닌 국가 공인 전문안경사로서의 큰 명예를 가질 수 있도록 된 것을 기뻐하는 바입니다.

돌이켜 보건데 회장 취임 후 오늘까지 여러분과 고난을 같이 하면서 안경계 발전에 이바지하는 동안 다소의 풍파도 없었던 것은 아니지만 안경사 관련법규가 전체 안경인의 뜻을 무시하고 제정된 것을 헌정사에 전무후무하게 우리 안경인의 뜻을 담은 내용으로 개정하게 되었습니다. 정의가 항상 승리하듯 이로써 우리 안경인에게 크나큰 희망과 용기를 주게 되었다고 자부합니다.
당시 안경사 관련법규 개정을 위한 안경호에 선장도 없이 칠흑같은 암야를 표류하던 때에 선장으로 추대받아 여러분의 열화같은 성원으로 모든 것을 성취하고, 안경호라는 큰 배를 폭풍과 격랑 속을 슬기롭게 헤치면서 개정법안을 싣고 목적한 항구에 닻을 내리게 되었습니다.

훌륭한 선장은 목수의 심정으로 모든 일을 처리해야 한다고 생각하면서 목수는 집주인이 불편하지 않고 훌륭한 가옥이 되도록 잘 지어야 합니다. 이제 실무를 끝내면서 여러분께 부탁의 말씀을 드릴 것은 앞으로 여러 가지 어려운 문제가 발생할 것을 예측합니다. 그럴 때에 여러분은 지금까지 해온 그대로 각자가 자기 임무를 충실히 수행한다면 어떠한 난관이라도 무난히 극복될 것으로 믿어 의심치 않습니다. 짧은 기간이지만 고락을 같이해 온 전국 안경인과 교수님을 평생 동안 잊지 못할 것입니다.

회장으로서 지금 이 마지막 인사말을 드리면서 우리 업계가 어려울 때 열심히 일할 수 있도록 많은 힘과 용기를 주신 여러분에게 다시 한 번 심심한 사의를 표하는 바입니다. 본인은 경건하고도 지속적인 안경계 발전을 이룩한 안경인과 교수님의 열성에 존경을 표하며, 다음과 같이 기원합니다. 즉, 여러분들은 국민이 필요로 하고 원할 수 있도록 반목과 질시보다 화합과 용서를 하여야 하며, 어렵고 힘들수록 용기와 희망을 가짐으로써 새로운 안경사시대에 여러분들이 국민 속에서 성장을 할 수 있도록 기도를 드리는 바입니다.
장래에도 우리는 서로 연락할 수 있는 길을 만들어 협조하는 가운데 우리나라의 안경업계를 위해 정진하기 바랍니다.

여러분께서 기회가 있어 찾아주신다면 언제든지 기쁘게 맞이하겠습니다. 옛날부터 회자정리라 하여 만나면 반드시 헤어지는 것이 인간사 철칙 같습니다. 그래서 만남은 이별의 시작이라고도 말합니다. 여기에서 인생의 애환을 느끼지 않는 사람은 없을 것입니다. 그러나 헤어짐은 만남을 의미하기에 여러분과 다시 만날 것을 기약합니다.

친애하는 전국 안경인, 그리고 안경광학과 교수님!
내내 건강하시고 언제 어디서 만나더라도 항상 변함없는 지도와 편달을 바라는 마음 간절합니다. 모든 것이 인간관계에서 시작되듯이 여러분과의 그동안의 관계를 소중히 간직하겠습니다. 항상 눈도 밝고 마음도 밝게 살아가실 것을 기대하며, 여러분 곁에서 여러분을 위하여 기도하겠습니다. 감사합니다. 안녕히 계십시오.

1990년 9월 28일
대한안경인협회 마지막 회장 김태옥

사단법인 대한안경사협회 창립 취지문

안경사협회로의 전환을 알리며

하늘과 땅이 유구하듯 이 땅에 안경이 도래한 1백여 년 전부터 전체 안경인은 후대까지 안경산업을 계승, 발전시키기 위해 온갖 지혜와 정성을 발휘하여 왔다.
그간에 안경인 모두는 국민시력보건의 최일선 전문가로서 안경통신교육의 실시와 안경기술학교의 개설, 나아가 대학의 안경광학과를 설치하여 안경인의 구각(舊殼, 낡은 껍질, 옛 제도나 관습 등)을 벗는 의지를 실천해 왔다.
특히 전체 안경인은 업권의 신장과 관계법규의 제정, 그리고 국가공인 안경사시대의 개막과 함께 안경의 참 목적을 달성한다는 신념에서 안경학문의 정진과 관련 기술의 과학화를 촉구하여 안경광학의 박문(博文, 학문을 많이 닦아 지식 폭이 넓음)을 이루었다.

이로써 국내 안경인은 안경사 신분법제화로 표현되는 의료기사법 등 관련 제도와 국리민복(國利民福)을 기조로 하는 눈의 명순응(明順應) 기능 같은 국민과 안경업의 밝은 미래를 위해 각고정려(刻苦精勵, 몹시 애를 쓰고 정성을 들임)하여 안경사 국가고시를 거쳐서 안경의 제2의 개화와 만개를 꾀했다.

그러나 전체 안경인은 이에 자만치 않고 안경을 수 세대 앞까지 변화, 발전하는 첩경이 끊임없는 인재양성과 기술혁신이라는 믿음 아래 그 힘의 원천이 되고 회원의 구심체로서 새시대 공익 안경사협회로의 전환을 통해 그 이상을 성취코자 한다. 이것은 국가에서 공인하는 전문 안경사로서 국민께 봉사하고 헌신하는 깨어있는 자의 정당한 의식이며, 성장을 열망하는 행동인의 의지의 표현이다.

아울러 전체 안경인은 안경사로 거듭 태어나서 새로운 안경사협회의 일원이 되어 국민과 안경착용인의 인간존중을 구현키 위해 도덕으로 무장하고, 국가와 겨레를 위한 의무와 권리에 충일(充溢, 가득차서 넘침)키 위해 기초광학의 연구에 매진하며, 안경산업 특유의 진선미(眞善美, 주2)를 계승 발전시켜 최첨단 분야로 이끄는데 배전의 노력을 다한다.
또 전체 안경사는 유통의 올바른 체계를 확립하여 안경사에게만 주어진 권리에 만전을 기하며, 회원 간의 인화단결과 존경의 우애를 돈독히 하면서 권익옹호의 진수를 보인다.

이에 전체 안경사는 안경사협회 창립총회와 더불어 공인 안경사로 바르게 서면서 그 뜻을 진실과 함께 내외에 천명하는 바이다.

1990년 9월 28일

안경사라는 직업을 만들기까지

1986. 07. 01 안경사 제도 신설에 따른 관계법령 입법예고 - 의료기사법 개정령(안)

의료기사법(안경사법)의 법률 취지

1. 안경 착용인구는 날로 늘어나고 있으며, 안경의 조제에는 학문적·기술적 소양이 요구되고 있음에도 현재 안경점 개설과 안경조제에는 시설기준이나 자격제한이 없기 때문에 국민건강에 막대한 지장을 초래하고 있어 안경의 조제 및 판매를 담당할 '안경사' 제도를 신설하여 그 자격을 관리하고자 하며, 장애자에 대한 불공정한 법상 제한 규정을 삭제하고자 함.
2. 안경인의 신분법제화를 통해 그간 무자격자 등의 난립으로 인해 국민시력보호에 막대한 지장을 초래하던 것을 방지하고, 나아가 유통질서 확립과 전문직업인의 철저한 윤리의식 확립으로 국민시력보호에 앞장서기 위해 법률을 개정하고자 함.

11. 21 국무회의 상정, 심의 의결

12. 15 보건사회분과위원회 회의 소집(국민당 소속 의원 불참, 유보)

1987. 07. 01 안경사 제도 도입을 골간으로 하는 의료기사법 중 개정 법률안 입법예고

10. 30 제137회 정기국회에서 통과

11. 28 '안경사의 신분법제화'로 표현된 개정 의료기사법 공포(법률 제3949호)

주요 내용

"시력보정용안경의 조제 및 판매 업무를 주된 업무로 하는 자"를 '안경사'로 신설 규정함. 따라서 이 법률의 명칭은 의료기사법이지만 안경사의 업종을 별도 규정함으로써 안경사에 관한 법이라고 볼 수 있어 통칭 '안경사법'이라고 부름.

1988. 09. 02 의료기사법 시행령 개정(보건사회부 공고 제88-55호)

법률 개정 관련 문제점

* 의료기사법(모법) 개정 법률

제13조의 3을 다음과 같이 신설한다.
제13조의 3(안경사)
1. 안경사(안경의 조제 및 판매를 주된 업무로 하는 자를 말한다)가 되고자 하는 자는 전문대학 이상에서 광학 등에 관한 학문을 전공한 자로서 안경사 국가시험에 합격한 후 보건사회부장관의 면허를 받아야 한다.
2. 제1항의 규정에 의한 광학 등에 관한 학문의 범위는 대통령령으로 정한다.

➡ 의료기사법 내에 안경사란 규정이 신설되어 안경인의 신분법제화가 이루어졌으나, 안경사의 정확한 역할과 시력검사 등에 대한 언급이 전혀 없어 문제의 소지를 만듦.

* 의료기사법 시행령(대통령령) 개정

제2조 8. 안경사는 시력보정용안경의 조제(콘택트렌즈의 조제를 제외한다) 및 판매업무에 종사한다. 이 경우 기존 안경도수를 조정하기 위한 시력검사(약제를 사용하는 시력검사 및 보건사회부령이 정하는 시력검사를 제외한다)를 할 수 있다.

➡ 당시 '기존 안경도수'란 문구에 대한 심각성을 인지하지 못함. 기존 안경도수란 의미는 시력검사 등을 포함 안과의사의 처방이 있어야만 안경을 조제 판매할 수 있다는 뜻으로 안과의사의 손을 들어준 것임. 즉, 고객이 기존에 쓰던 안경을 가져와야만 그 안경을 토대로 안경도수를 조정하기 위해 시력을 측정할 수 있다는 것으로 성인은 물론 아동까지 시력검사가 불가능하다는 것을 의미함.
이를 토대로 시력검사를 하지 못하는 안경사의 콘택트렌즈 판매 역시 거의 제한되는 것과 마찬가지이므로 안과의사에게 콘택트렌즈 독점 판매권을 부여하는 것과 같음.
특히 회장을 비롯한 집행부 구성이 제조업자와 도매업자 위주로 구성되어 시력검사의 중요성 및 안과의사와의 대립 관계를 고려하지 않은 채로 법률 재개정이 이루어지는 것을 방치함.

* 시행령 부칙

부칙 제3조(안경사 국가시험 경과조치 해당자에 대한 시험의 일부 면제 등)
1. 법 부칙 제4조의 규정에 의하여 안경사 국가시험에 응시할 수 있는 자 중 안경의 조제 및 판매경력이 1988년 5월 28일 현재 5년 이상인 자에 대하여는 이 영 제3조 제2항의 규정에 의한 필기시험을 면제한다.

➡ 당시 사회 분위기상 5년 이상의 안경업소 종사자에 대해 안경사시험에 있어 실기시험을 부과하고, 더불어 합격자는 일정기간 동안 연수교육을 받아야 하는 조항 역시 불합리한 규정으로 인식됨.

1989. 04. 04 의료기사법 시행령 공포(대통령령 제12678호)

주요 내용

1. 안경사의 업무범위를 정함 : "안경사는 시력보정용 안경의 조제(콘택트렌즈 제외) 및 판매업무로 하되, 기존 안경도수를 조정하기 위한 시력검사(약제를 사용하는 시력검사 및 보사부령이 정하는 시력검사는 제외)를 할 수 있다."
2. 기존 종사자의 기득권 보호를 위해 5년 이상의 안경업소 종사자는 시험에서 실기시험만을 부과, 합격자는 일정 기간 연수교육 실시

04. 14 의료기사법 시행규칙 중 개정령(안) 입법예고(보건사회부 공고 제89-19호)

주요 내용

1. 의료기사등의 국가시험 및 면허에 관한 수수료를 현행 수수료의 3배 인상
2. 안경업소 개설등록에 필요한 시설 중 면적은 16.5제곱미터 이상으로 하고, 안경사의 정원을 1인 이상 두도록 함.
3. 안경사의 업무범위에서 굴절검사는 제외함.
4. 안경사 국가시험 과목 정함.
5. 안경사 국가시험 필기 면제자는 80시간 이상 연수교육을 받도록 함.

06. 19 의료기사법 시행규칙 공포(보건사회부령 제829호)

주요 내용

1. 보건사회부령이 정하도록 되어 있는 안경사가 할 수 없는 시력검사의 범위를 굴절이상을 측정하기 위한 타각적 굴절검사로 규정함.
2. 안경업소는 그 바닥면적이 16.5제곱미터 이상이어야 하며, 안경업소는 연평균 1일 안경조제건수 매 20건에 대해 1인의 안경사를 두도록 하는 등 안경업소의 인적 · 물적 시설 요건을 정함.
3. 의료기사등의 시험과목을 현실에 맞게 일부 조정, 안경사 시험과목을 신설함.

법률 개정 관련 문제점(1989. 4. 14 공고)
1. 새로운 시행규칙 개정에 따라 안경사의 업무범위가 시행령에 따른 시력검사의 범위와 더불어 타각적 굴절검사의 문제까지 확대됨으로써 안경사의 업무영역이 터무니없이 축소되는 등 전대미문의 악법이 탄생함.
2. 안경업소의 개설등록 신청서류 중 종사안경사의 면허증 사본을 요구함에 따라 비자격자의 안경업소 개설 문제가 대두될 수 있음.
3. 안경업소의 시설 기준에 있어 독립시설 기준이 없어 안과병원 내 안경업소 개설 문제와 더불어 보석상 등 겸업의 문제 소지를 내포하는 독소조항을 포함하고 있음.
4. . 이 밖에도 의료기사등의 국가시험 및 면허에 관한 수수료를 현행 수수료의 3배로 인상한다는 조항과 안경업소는 연평균 1일 안경 조제건수 매 20건에 대해 1인의 안경사를 두도록 한다는 조항은 업소의 자율권을 박탈하는 것으로 시장경제체제에 위배됨
5. 당시 의료기사법과 시행령, 시행규칙 등의 문제점을 신속하게 인식하고 대처하기보다는 우선 이 법률을 받아들인 후 점차 개선하는 방향으로 전략을 잡은 것이 문제가 됨.

1989. 09. 07 9. 7 제9대 회장 및 회장단 선출(김태옥 회장, 이강훈 수석부회장, 정원석·권대길 부회장), 제2차 임시대의원총회(한국일보사 대강당)
- 입법 개정 결의문 채택 및 관계요로 건의문 제출 결의
- 안경사법 대책위원회 발족, 안경사 국가시험 전면거부 결의

09. 08 제9대 신임 회장단회의 개최

09. 09 협회 제2차 임시 실행이사회 개최(실행이사진 선임)
- 안경사 관계법규를 반대하는 내용의 '우리의 입장' 성명서 게재(한국일보 전5단)
- 각 시도안경인회에 안경사법 개정 대책위원회 구성토록 시달
- 범안경인대책위원회 구성

09. 18 대통령 앞으로 안경사법에대한 탄원서 제출. 국무총리와 정무장관, 국회의장, 3당 총재 및 대표위원, 보건사회부장관에게 안경사법에 대한 건의서 제출

1989. 09. 19 안경사법 반대 홍보물을 전국 안경업소 종사자(1만1천명)에게 발송
- 헌법재판소에 의료기사법(안경사법) 위헌 제소

09. 11 ~23 각 시도안경인회 안경사법 반대 결의대회 개최

09. 22 제3차 임시이사회 겸 범안경인대책위원회 연석회의 개최
- 9월 28일 전국결의대회 개최키로 의결. 당일 전국 안경업소 철시 결의
- 제3차 임시총회를 결의대회 이후 개최 결정(정관 개정의 건)

09. 23 안경계 호외 제1호 발간(안경사법 반대 전국결의대회 등)

09. 28 안경사법 반대 및 안경사시험 전면 거부 전국결의대회 개최 (서울 88체육관에 1만5천여 안경인 및 안경가족 참석)

10. 01 하죽봉 고문변호사 위촉
- 제반업무 법률자문 및 헌법재판소의 안경사법 위헌 제소 관련

10. 02 제1회 안경사 국가자격시험 공고

10. 04 국회의장과 3당 총재 및 대표위원에게 안경사법 개정 청원서 제출

10. 05 서울신문과 중앙일보, 동아일보에 성명서 게재(5단)

10. 07 김영삼 통일민주당 총재 및 각 당 방문

10. 10 안경계 호외 제2호 발간(안경사 국가시험 거부 등)

10. 12 3당 총재 및 대표위원, 보건사회부장관, 국립보건원장에게 국가시험 연기 건의서 제출(9,611명의 시험 거부자 서명날인부 첨부)

1989. 10. 17 전 안경업소 종사자에게 법 개정 추진상황과 협조요청을 담은 서한 발송

10. 19 기자회견(각 언론사)

10. 20 MBC TV와 인터뷰
- 안경인들의 입장 피력, 안경사법 개정 요구

10. 22 제1회 안경사 국가자격시험 실시 강행(서울 은평구 충암고등학교)

10. 27 제3차 정기이사회 및 대책위원 연석회의에서 의료기사법 중 개정 법률안 및 안경사법 개정시안 확정

11. 13 긴급대책 회의 개최
- 안경사법 단독법안 의원서명에 관한 대책 결의

11. 21 당정협의에서 경과조치 기한 연장 및 안경사만 개설할 수 있다는 내용의 개정 법률안 통과
- 당시 현경대 변호사가 안경사 관련 법규 초안 작성에 일조

11. 29 의료기사법 중 개정 법률안 보건사회위원회에 접수

12. 01 안경사법 위헌제소 취하(헌법재판소)

12. 04 국회 보사위에서 김인영 의원의 제안 설명 후 법안심사소위원회로 넘겨짐

12. 07 국회 보사위 법안심사소위에서 개정 법률안 통과, 보사위원회에 이관됨

12. 12 국회 보건사회상임위원회에서 의료기사법 개정 법률안이 통과됨.

1989. 12. 18 의료기사법 중 개정 법률안 국회 본회의 통과(김충조 의원 제안 설명)

12. 30 의료기사법 중 개정 법률 공포(법률 제4180호)

주요 내용
1. 안경사를 고용하고 일정한 시설을 갖춘 경우에는 누구든지 안경업소를 개설할 수 있었던 것을 안경사만이 개설할 수 있도록 규정(안경사가 아니면 안경업소를 개설할 수 없도록 함)
2. 이 법 시행 당시 의료용구판매업에 등록된 안경업소 종사자에 대한 경과조치 기간을 1991년 6월 30일까지 연장함.

의료기사법 중 개정 법률안 당시 집행부(제9대 집행부)
회장 : 김태옥
감사 : 김영석, 심재관
부회장 : 이강훈, 정원석, 권대길
실행이사 : 김종곤, 신정일, 최복길, 박정호, 김성모, 정대현
일반이사 : 노경하, 김성재, 박경근, 이정규, 김주진, 남종길, 최영자, 강성준, 신재현
시도지부장 : 서울 이강훈, 부산 이재신, 대구 노의균, 인천 이종필, 광주 송영만, 대전 임무철, 경기 황건삼, 강원 임홍수, 영동 김섭홍, 충북 정홍목, 충남 이선섭, 전북 전종만, 전남 박종식, 경북 문희준, 경남 강준희, 제주 부응규

1990. 01. 29 안경사 제도에 관한 시행령 및 시행규칙 개정안 제출
- 보건사회부장관에게 의료기사법 개정 법률이 공포됨에 따라 이의 시행에 필요한 개정안을 제출함.

02. 15 보건사회부 주관 의료기사법 시행령 및 시행규칙 개정 협의에 관한 회의 참석(협회 및 안과학회 대표자 각 3인 참석)

02. 22 보건사회부 주관 의료기사법 시행령 및 시행규칙 개정 협의에 관한 회의 개최(안과학회 불참으로 유회)

1990. 03. 08 제16차 정기대의원총회(대전 중앙관광호텔)
- 9.28 전국결의대회를 기념하기 위해 '안경인의 날'로 제정할 것을 의결
- 정관 개정 등 대한안경사협회로의 전환 시 모든 회원 통합 필요성 제시
- 제1회 안경사시험 합격자 대비 2회 시험 모든 안경인 합격 필요성 강조

03. 16 보건사회부 주관 의료기사법 시행령 및 시행규칙 개정 협회에 관한 회의 참석

03. 23 보건사회부장관에게 안경사 제도에 관한 의료기사법 시행령 및 시행규칙 중 개정령안 입법예고 지연에 대해 조속히 개정안이 입법예고되도록 촉구함.

03. 30 보건사회부장관으로부터 업무질의에 대한 유권해석 접수
- 시력검사는 의료행위가 아니며, 구형 컴퓨터검안기는 자동굴절검안기기에 포함됨.

03. 31 의료기사법 시행령 및 시행규칙 중 개정령(안) 입법예고(보건사회부 공고 제90-24호)

주요 내용

안경사의 업무범위를 시력보정용안경의 조제 · 판매 및 시력조정용렌즈(콘택트렌즈)의 판매 업무에 종사한다. 이 경우 안경도수를 조정하기 위한 시력검사를 할 수 있으나, 약제를 사용하는 시력검사 및 타각적 굴절검사(자동굴절검사기기의 사용은 제외한다)를 할 수 없다.

04. 01 제2회 안경사 국가자격시험 실시(총 11,774명 응시자 중 9,065명 합격)

04. 14 안경계 호외 제3호 발간(시행령 및 시행규칙 개정령 관련)
- 제2회 안경사시험 상보 및 회원 관심사 관련 정보 등

1990. 04. 16 대한안과학회 2개 일간지에 '국민에게 드리는 호소문' 게재
- 의료기사법 개정 불가 등의 내용을 담은 호소문
- 동아 및 조선일보 1면에 전5단으로 광고문 게재

04. 17 긴급대책회의 개최(안과학회 호소문에 대한 대책)
- 협회장을 비롯, 임원 및 각 시도 대책위원, 원로, 기타 전국 전문대학 교수 등 1백여 명 참석
- 안과학회 호소문에 대한 반박성명서 게재 결정
- 의료기사법 시행령 및 시행규칙 개정안 입법예고 의견 협의

04. 18 보건사회부장관에게 의료기사법 시행령 및 시행규칙 중 개정령(안) 입법예고에 대한 의견을 제출함.
- 5천여 안경업소 의견도 함께 제출(보건사회부 파악 : 입법예고안 찬성 3천여 명, 반대 2명)

04. 21 ~28 안과학회의 신문 호소문에 대한 대응조치로 9개 일간지에 '국민에게 드리는 글'이란 제목으로 반박성명서 게재
- 안과학회 호소문의 모순점 및 안경사의 시력검사 당위성 등을 홍보, 안과학회 및 안과의사에게 질의 답변 요구

04. 24 보건사회부장관에게 안과학회의 왜곡된 주장에 대한 검토 결과를 건의
- 법적 조치사항은 고문변호사에 의뢰
- 보건사회부 안과학회에 호소문 관련 반박의견서 전달

05. 13 안과학회 조선일보에 성명서 게재

06. 02 '안경사 제도 정착에 대한 대토론회' 개최(서울 힐튼호텔)

06. 04 보건사회부장관에게 의료기사법 시행령 및 시행규칙 개정법률 공포 지연에 대한 전국 안경인의 의견 전달

1990. 06. 11 보건사회부 주관 의료기사법 시행령 및 시행규칙 개정 협의에 관한 회의 참석(안과학회 관계자 불참)
- 안경인의 의견과 보건사회부안을 절충하여 확정하기로 의견 접근

07. 03 보건사회부, 의료기사법 시행령 및 시행규칙 개정안 협회에 보내옴.

주요 내용

1. 다만, 6세 이하의 아동에 대한 안경의 조제 · 판매는 의사의 처방에 의해야 한다.
2. 개설자 또는 종사안경사의 면허증을 개설자의 안경사 면허증으로 한다.
3. '이 규칙 시행 후 1년 이내에'를 '1991년 6월 30일'로 한다.

07. 05 제2회 안경사 연수교육 전국적으로 일제 실시(8월 10일까지 실시)
- 보건사회부로부터 위임받은 5년 이상 경력자 대상 각 시도안경인회별로 실시

07. 26 국무회의에서 의료기사법 시행령 개정안 의결

주요 내용

안경사는 안경도수를 조제하기 위해 타각적 굴절검사 중 자동굴절검사기기를 사용할 수 있다. 다만 6세 이하의 아동에 대한 시력보정용안경의 조제 · 판매는 의사의 처방에 의한다.

08. 08 의료기사법 시행령 중 개정령 공포(대통령령 제13067호)

08. 14 의료기사법 시행규칙 중 개정령 공포(보사부령 제854호)

08. 22~25 일본 안경인 대표 및 기자단 협회 방문, 합동기자회견 개최
- 일본 10개 업체 대표, 11개 매체 기자단
- 의료기사법등 안경사 제도 성립 과정과 법제화 내용 등 정보 공유

09. 04 사단법인 대한안경사협회 발기인대회(서울 한국일보사 대강당)

09. 28 사단법인 대한안경사협회 창립총회 개최

1989년 9월 28일 서울 88체육관
개정된 안경사법 반대 및 안경사 국가자격시험 거부 전국결의대회

협회가 유권해석 받아낸 자체가 문제

불필요한 질의로 유권해석 받아 업계 풍비박산

1994년 3월 7일 대한안경사협회 집행부(11대)는 보건복지부에 질의서 하나를 보냈다. 질의서의 요지는 안경테를 무면허자가 판매 가능한지 확인한 것이다.

질의서 내용

현행 안경테는 공산품 중 생활용품 분야로 분류되어 안경업소 이외에 양품점, 액세서리점 등에 마구 취급 판매되는 실정으로 안경테를 취급 판매하는 양품점 등에서 고객에게 안경테를 판매하면서 고객의 안경처방서를 받아 타 지역의 안경업소 또는 전문 렌즈 조제가공 행위자에게 안경렌즈의 조제가공을 의뢰, 안경완제품을 제작하여 이를 고객에게 판매(안경 완제품)했을 경우, 이와 같은 행위가 무면허자와 업무행위로 간주하여 의료기사법 위반으로 볼 수 있는지 여부

"안경테와 안경렌즈는 공산품 중 생활용품이므로 안경사가 아니라도 안경테를 자유롭게 판매할 수 있다."

3월 15일 보건복지부는 11대 집행부의 질의에 위와 같은 유권해석이 담긴 답변서를 보냈다.

안경사법에는 안경사가 안경을 조제, 판매한다고 되어 있다. 안경은 테와 렌즈를 말한다. 1989년 어렵게 도입한 안경사법(의료기사법 시행령 제2조 제1항 제8호)에는 엄연히 "국민의 시력보호를 위해 안경사가 안경을 조제 및 판매한다"라고 안경사의 업무범위를 규정하고 있다. 안경은 당연히 안경테와 렌즈를 모두 포함하는 것으로, 렌즈에만 국한된 것은 아니다.

그런데 보건복지부는 이를 총체적으로 보지 않고 안경사가 안경렌즈만 판매하고 안경테는 아무나 판매할 수 있다고 유권해석한 것이다. 안경사법 입법 취지와는 맞지 않는 것이다. 이 소식이 전해지자 업계는 일대 혼란에 빠졌다.

12대 회장 취임 및 행정학 박사학위 영득 축하연

1995년 2월 17일 대한안경사협회 정기대의원총회에서 제12대 회장으로 취임했다. 12대 회장에 취임하면서 나는 "의료기사법 시행령 및 시행규칙 중 안경사 관련 조항과 제도의 강화, 유권해석 철회와 중앙회 및 지부조직의 개혁 등을 위해 노력할 것"을 약속했다.

회장 취임 후 2월 27일 잠실 롯데월드호텔에서 제12대 회장 취임식과 행정학 박사학위 영득 축하연을 열었다. 하호봉 교수가 진행한 이날 축하연에서 나는 '지방정부의 지구환경보전정책에 관한 연구'로 경원대학교 대학원에서 행정학 박사학위를 받았다. 경원대학교 이광정 대학원장이 총장을 대리하여 박사학위증과 학위기를 수여했다. 가족의 지지를 바탕으로 김문성, 백승기 등 교수의 지도 아래 무사히 박사과정을 마쳤다.

이 자리에는 김용준 헌법재판소장, 이영모 헌법재판소 사무처장, 라병선 국회의원, 김재호 전 안과학회 이사장, 김기형 전 과기처장관, 송경빈 라이온스 총재와 언론기관, 안경사협회 임원 및 회원 1천여 명이 참석했다.

1995년 2월 17일 제22차 정기총회, 대한안경사협회 제12대 회장 취임

왜곡된 안경 역사와 전통부터 바로잡기

12대 회장으로 취임하자마자 나는 특유의 추진력을 발휘하기 시작했다. 집행부를 구성하고, 서석재 총무처장관을 예방하는 것을 시작으로 정부 관계기관을 방문하여 안경업계의 현안문제를 적극 논의했다.

12대 집행부 청사진

첫째, 안경테와 렌즈를 안경사만이 판매하도록 바로잡겠다.
둘째, 안경사의 보수교육을 비롯한 모든 제도와 조직을 개선하겠다.
셋째, 선글라스와 돋보기 등 안경사의 판매권 영역을 더욱 확대할 것이다.
넷째, 안경사회의 왜곡된 역사와 전통을 바로잡겠다.
다섯째, 안경사회관을 확충 건립하겠다.

가장 먼저 안경사협회의 왜곡된 역사와 전통을 바로잡았다. 나는 과거 안경인협회 초대 회장과 집행부를, 안경사 단체의 초대 회장과 초대 집행부로 규정했다. 이에 따라 당시 집행부를 12대 집행부, 정기총회는 22회차로 규정하여 중앙회와 지부에서도 이를 통일하기로 하는 등 협회 역사를 바로잡았다.

유권해석 철회신청서 제출로 시작

12대 집행부는 유권해석의 문제점을 지적하며 보건복지부와 협의에 나섰다. 하지만 보건복지부는 1년이 지난 지금에 와서 이의를 제기한다며 난색을 표했다.

나는 의료기사법 시행령 제2조 제1항 제8호는 안경사의 업무범위를 규정한 것으로 "안경의 조제 및 판매 업무에 종사한다"고 되어 있다고 밝혔다. 안경이란 안경테와 안경렌즈라는 2대 요소로 구성되는 것이므로, 안경테 역시도 안경사만이 판매해야 시행령 규정에 일치하고 입법 취지에도 적합하다는 것이 법조계 의견이라고 강조했다.

1995년 3월 30일 '안경사 업무범위에 관한 유권해석 철회 요청'이란 제목의 대안협 제95-42호 공문을 보건복지부에 보냈다.

3월 17일 부산 해운대 파라다이스비치호텔에서 집행부 결성 이후 처음으로 '중앙회 임원 및 시도지부장 연석회의'를 개최하여 가격표시제 및 유통질서 확립 대책에 대해 토의했다. 유통질서 확립과 관련, 특히 '안경테는 안경사가 판매하는 것이다'란 유권해석을 얻기 위해 모든 것을 회장에게 특별 위임할 것을 결의했다.

나는 안경테 유권해석 철회와 관련하여 학술 및 이론적 토대를 마련하기로 했다. '안경테와 안경렌즈, 선글라스 판매 제한에 관한 연구', '국민 안보건 향상 및 시력교정을 위한 타각식 굴절검사에 관한 연구', '테와 렌즈의 품질비교 분석'등을 주제로 학술논문 사업을 추진했다.

4월 17일에는 연세대 경영대학원 최고경영자과정 총동창회 세미나에 특별강사로 초청된 노태우 전 대통령과 환담했다. 임기 중 안경사협회에 관심 가져주고 안경사법을 제정해준 데 감사의 뜻을 전했다.

시도지부 업권수호 궐기대회 잇달아

안경사 국가제도 도입의 입법 취지를 망각한 3. 15 유권해석을 바로잡겠다는 강력한 업무 추진과 맞물려 전국 시도지부에서 안경사 업권수호를 위한 궐기대회가 본격적으로 전개되었다. 4월 23일 대구지부를 시작으로 6월 5일 강원지부까지 전국 각지에서 업권수호 궐기대회가 열렸다.

나는 1989년 9월처럼 모든 지역의 궐기대회에 참석하여 회원들을 독려했다. 우리 업권을 수호하겠다는 안경사들의 강한 열정과 의지가 고스란히 전해지는 현장이었다. 궐기대회에 참석한 회원 대부분이 안경사 면허증을 모아 반납하며 업권수호에 결연한 태도를 보였다. 회원들은 유권해석 철회에 사용해달라고 자금을 모금하여 전달하기도 했다.

유권해석은 반드시 철회되어야 하고, 이를 위해서는 2만여 안경사가 한마음이 되어야 했다. 궐기대회의 열기를 최대한 끌어올리기 위해 나는 제규정 의결과 의료기사법 시행령 개정 및 안경사 업권수호 대책방안을 심의했다. 의료기사법 시행령 개정과 안경사 업권수호 차원에서 안경사 업무범위가 개정되도록 고문변호사에게 자문을 받고 법률문제를 착오 없이 대처하도록 상임이사회에 위임키로 했다.

특히 안경사의 고유 업무인 안경테 판매를 아무나 제한없이 판매 가능하다고 함에 따라 무자격자의 안경테 직매장이 전국 각지에 급증해 유통질서가 극도로 문란해졌다. 안경사 제도의 존폐 위

기까지 온 상황에서 더 이상 이를 방치할 수 없기에 안경사의 업권 수호를 위해 안경사 1인당 1만 원 이상의 대책성금(특별성금)을 내기로 했다.

1995년 유권해석 철회 시도지부 업권수호 궐기대회

4월

23일	대구지부
27일	대전지부

5월

1일	인천지부
7일	광주지부
11, 12일	충남지부
15일	충북지부
18, 19일	서울지부
19일	제주지부
20, 21일	경북지부
21일	부산지부
22일	경남지부
22일	경기지부
28일	전북지부

6월

4일	전남지부
4일	광주지부
5일	강원지부

1995년 4월 23일 대구지부를 시작으로 6월 5일 강원지부까지 전국 각지에서 개최한 업권수호 궐기대회

특별 담화문 발표

3. 15 유권해석 철회 활동을 이어가는 와중에도 나는 지속적으로 안경테 유권해석 문제를 지적하고, 앞으로의 활동 방향 설명에 공을 많이 들였다. 전국 안경사들을 대상으로 특별담화문(217쪽 전문 게재)을 발표했다. 또한 기존 유권해석 철회에서 한 발 더 나아가 의료기사법 시행령 개정, 안경사 단독법을 제정하기 위해 투쟁 수위를 높이는 전략을 세웠다.

3. 15 유권해석은 안경사 제도의 입법 취지와 일반적으로 정립된 안경 개념을 잘못 이해한 것이다. 상위 법규에 위배된 잘못된 해석이므로 당연히 무효라는 것이 법조계 의견이었다.

이런 사태가 발생한 이유는 안경사의 업무범위를 달리 해석했기 때문이다. 즉 3. 15 유권해석은 안경사 제도 도입의 목표와 입법 취지를 잘못 이해한 나머지 안경사의 업무범위를 다르게 해석한 표본 사례다. 나는 이제 유권해석 철회보다 더 근원적인 수순을 강구해야 한다고 판단했다. 시행령에 안경사 업무범위를 명확하게 규정하여 향후 절대 다르게 해석하지 않도록 법을 개정하고자 했다.

현행 규정상 안경사의 업무범위 중 '안경의 판매'란 조제된 안경 판매만을 뜻하지 않고 안경테와 안경렌즈 판매를 일괄하여 말하는 것이다. 그런데 잘못된 해석으로 안경사 면허제도를 도입한 당초 입법 취지가 왜곡될 우려가 있었다.

따라서 '안경의 판매'를 '안경테와 안경렌즈의 판매'로 정확하게 명시하여 해석상 이견을 해소하자고 주장했다. 국민시력보호를 위해 도수안경, 선글라스, 돋보기도 전문 안경사만이 판매할 수 있다고 명확하게 규정하고자 했다.

시도지부 임원 및 분회장 합동간담회 개최

1995년 6월 15일에는 최영윤 섭외이사와 부응규 중앙이사, 부철규 제주지부 감사와 함께 민자당 H 원내총무를 방문하여 업계 현안문제에 대해 환담했다. 6월 20일에는 제3차 이사회를 열고 제규정(안) 제정과 의료기사법 시행규칙 개정(안) 등을 심의했다.

6월 23일에는 긴급대책회의를 개최, 시행령 개정의 방향을 국민시력보호 차원에 맞게끔 잡아가도록 의견을 모았다. 더불어 1995년 말로 시한이 정해진 가격표시제와 관련 지금까지의 과정을 압축 정리한 후 해당부처와 협의해 가기로 했다.

7월 11일에는 함용대 중앙이사와 함께 청와대를 방문하여 H 총무수석비서관과 C 보건환경비서관을 면담하고 업계 현안에 대해 논의했다. 이 자리에서 C 비서관은 안경테는 안경사만이 취급'할 수 있도록 법률 검토를 거치겠다고 언급했다.

7월 15일, 19일에는 보건복지부 장관을 예방하여 거듭 강조했고, 장관은 안경사 제도 입법 취지대로 안경테는 당연히 안경에 포함되어야 함을 이해했다고 검토하겠다고 했다. 이 자리에는 보건복지부 관계자, 협회 김영석 수석부회장과 이내규 총무이사, 전일혁 경기지부장이 함께했다.

나는 이날 오후 제4차 긴급이사회를 개최하여 앞으로 전개될 사항과 관련하여 만반의 준비를 갖출 것을 결의했다. 우선 의료기사법 시행령 개정안 보건복지부(안) 확정에 따른 대책 방안의 건에 대해 다양한 의견이 개진되었으나, 우리 업권이 보호되는 측면에서 자구 수정 등 세부 추가의견을 마련하여 강력히 촉구하는 것으로 의결했다.

각 시도지부 임원 및 분회장 합동간담회를 개최하여 보건복지부 방침이 확정되기까지의 과정과 경위 등에 대해 상세히 설명했다. 7월 21일부터 8월 6일까지 권역별로 합동간담회를 열었다.

7월 20일에는 안경사 업권수호와 관련한 의료기사법 시행령 개정 상황을 회원들에게 신속히 전달하고자 긴급 호외판을 발행·배포했다. 호외판은 특별담화문 및 보건복지부장관과 면담 내용, 보건복지부 방침이 나오기까지의 배경 등 그간의 일을 상세하게 게재했다. 호외 발행에 이어 7월 21일 서울과 강원 임원 및 분회장 간담회를 시작으로 28일까지 전국을 6개 권역으로 나누어 순회 간담회를 가졌다.

8월 4일에는 한국광학공업협동조합 앞으로 두 번째 협조공문을 발송했다. "안경테는 안경사가 안경원 내에서 판매하는 것이 타당하다고 사료되는 바, 귀 조합의 의견은 어떠한가"라는 질의와 함께 협회의 안경사 업권수호에 동참하는 뜻으로 관계당국에 동조합의 입장을 밝혀 주길 바란다는 내용이었다. 한국광학공업협동조합은

“심정적으로는 안경사 업권수호라는 대의에는 같이 하나 관계당국이 요청한 바 없는 사항에 대해 협조 공문상으로 공식화하기는 어려운 점이 있지 않겠는가”라는 답변을 보냈다.

긴급 號外版

1995. 7. 20

眼鏡界

第六號

본 호외판은 안경사업권수호와 관련한 의료기사법시행령 개정의 상황을 신속히 알리기 위해 특별제작.배포하는 것임.

3.15 유권해석철회 및 안경사관계법규시행령 개정관련

보건복지부 방침확정

안경사제도 도입시의 입법취지대로.

이성호 보건복지부장관과 협회장 김태옥박사와의 면담.

특별담화문

입법취지대로의 보건복지부방침 확정에 즈음하여

우리업권 우리가 지켜야

1995년 7월 20일

국민시력보호 및 유통질서 확립 위해 앞으로는 등록된 안경업소에서 안경사만이 안경테판매

생산, 도매, 수입업자의 소매업소 판매는 종전대로

보건복지부 방침 배경을 회원들에게 전하는 안경계 긴급 호외판 발행

전향적 화합의 자세로 개혁의 약진에 동참합시다

희망찬 새 봄을 맞으며 전국 회원님들의 무강과 가정의 평안하심을 진심으로 기원합니다.

친애하는 전국의 안경사 여러분
우리는 지금 세계화라는 거센 물결에 다 함께 살고 있으며, 변화를 요구하는 높은 파도를 헤쳐 나가야 하는 경지에 다다랐습니다. 여기서 모두가 살아남고 발전하기 위해서는 변화와 개혁이 절실한 시점인 것입니다.
우리는 만 4년 전 세계가 부러워하는 안경사 제도를 얼마나 어렵게 만들었습니까? 그것도 단시일 내에 전국 회원님들의 굳게 뭉친 힘과 열의가 얼마나 컸었습니까? 우리의 권익과 미래를 개척하는 노력과 정열은 대단히 우수하며, 그 굳은 바위도 뚫고 목적을 이루었습니다.

존경하는 전국 회원 여러분
그 열화로 이룩한 우리의 환경이 지금 어떤 지경입니까? 왜 갓길로 빗나가고 있는 것입니까? 하루 빨리 제 자리로 돌아와야 합니다. 그리고 우리 본연의 목표를 향해 다 함께 매진하여야 합니다.
우리의 구심점이고 우리의 안식처인 협회가 그 누구 개인의 것이 아닌 것입니다. 왜 혼자, 그것도 자기 개인의 이익만을 위한 발상과 지시대로 맹종해 왔습니까? 왜 귀 막고 눈감고 허둥거렸습니까? 이제 하루 빨리 정신을 바짝 차리고, 우리의 나아가야 할 목표를 다시 한 번 확인하고, 그곳을 향해 똑바로 가야합니다. 그렇게 바른 길로 제대로 가기 위해 참된 일꾼을 다시 앞세웠습니다.

존경하는 전국 회원 여러분
저는 여러분의 머슴이요, 일꾼인 것입니다. 높은 자리에 군림한 것이 아니라 여러분의 참뜻을 성실히 이끌어갈 정의감에 찬 정직한 일꾼입니다. 우리의 현재 위치는 얼마나 난제가 산적해 있습니까? 그것마다 우연히 발생한 것이 아닙니다. 극소수의 휘젓는 작은 회오리에서 발생한 것들이 우리 집단에서 이탈한 흑점들인 것입니다.

이 보기 싫고 불편한 흑점들을 하루 빨리 정리하는 길도 여러분의 힘이 굳게 뭉쳤을 때만 이루어집니다. 오점을 속히 제거하고, 우리의 나아갈 좌표를 정확히 재정립하여 이 어려운 제반문제들을 우리의 강력한 추진력으로 해결합시다. 이 속도는 빠를수록 우리 모두의 권익회복이란 보배가 우리 품에 돌아오는 것입니다.

저는 여러분 앞에서 맹세했습니다. 여러분의 심정을 너무나 잘 아는 저는 공약한 일은 반드시 이행할 것입니다. 우리는 민주주의 기본원칙이 철저히 이행되어 전국 회원, 그 회원이 속해있는 분회, 그 지부부터 완전히 여러분의 것이어서 중앙회까지도 여러분의 의견이 직접 집결되고 실행되어야 합니다. 이 올바른 틀에서부터 추진되는 일은 거짓없는 여러분의 진의일 것입니다.

존경하는 전국 회원 여러분
전국 안경사의 권익신장을 위한 단체로 다시 규합하여 우리의 복된 내일을 하루 속히 이끌어 봅시다. 우리의 단합된 힘을 다시 한 번 빛내어 봅시다. 우리의 발전은 무궁할 것입니다. 특히 금번 총회에서 새로운 회관건립을 위해 전 회원이 5년간 1년에 10,000원씩 내주시기로 결의해준데 대하여 다시 한 번 감사드립니다.

을해년에는 우리 주위를 깨끗이 정리하고, 우리 업계의 대약진과 참된 개혁을 위해 다 함께 참여합시다. 그리고 소외된 느낌을 갖는 회원이 혹여 계시다면 격의없는 대화를 통해 다 함께 동참할 수 있는 기회를 만들어 어느 누구 한 사람도 빠짐없이 새로운 길을 갈 수 있도록 화합의 전진을 부탁드립니다. 그래서 기쁨도 다 함께 나누도록 합시다.
대단히 감사합니다.

1995년 2월 17일
대한안경사협회 제12대 회장 김태옥

보건복지부에 보낸 대안협 제95-42호 공문 전문

안경사 업무범위에 관한 유권해석 철회 요청

1. 막중한 국가보건, 복지업무 수행에 노고가 많으신 장관님께 우리 15,000여 회원을 대표하여 심심한 감사를 드립니다.
2. 지난 1990. 8. 8일 대통령령 제13067호로 개정 공포된 의료기사법 시행령 제2조 제1항 제8호(안경사의 업무범위)에 의하면 안경사는 안경의 조제 및 판매업무를 통하여 국민의 눈 보건에 기여하는 국가 면허자로 규정되어 있습니다.
3. 그러나 1994. 3. 15일 귀부의 유권해석(의정 65507-249)에서 "시력보정용 안경의 경우 안경사가 아닌 자가 안경테를 판매할 수 있다"는 기상천외한 해석을 함으로써 수 십 년 동안 지켜져 온 사회적 합의와 관행을 무시하고 국가면허 취득자인 안경사를 한낱 "조립공"으로 전락시키고 말았습니다.
4. 이에 우리 안경사들은 다음과 같이 귀부 유권해석의 위법 부당함을 지적하면서 그 시정을 요청하오니 조속히 검토하시어 조치하여 주시기 바랍니다.
(다음)
가. 의료기사법 시행령 제2조 제1항 제8호는 안경사의 업무범위에 관하여 시력보정용안경의 조제 및 판매업무에 종사하는 것으로 규정되어 있습니다. 안경은 테와 렌즈라는 2대 요소로 구성되므로 시력보정용의 경우 안경테도 안경사에 의하여만 판매되어야만 위 법 시행령 규정에 일치하고 입법 취지에도 적합하는 것입니다. 안경테와 안경을 불가분의 관계로 파악하지 아니하고 별개로 본다면 비 안경사에 의한 안경조제가 성행되어 안경사 제도를 도입한 입법 취지에 정면으로 위배될 것입니다.

1990년 3월 30일 대한안경사협회 제12대 회장 김태옥

특별담화문 전문

국민시력보호와 안경사 업권수호에 즈음하여

친애하는 전국의 2만여 회원동지 여러분!
대내외적인 중요한 시기에 처한 업권의 자존을 지키며, 국민시력보건의 백년대계를 위한 정의를 실천에 옮기고자 투쟁 대열에 앞장서신 여러분의 비장한 모습에 삼가 경의를 표합니다. 94년 3월 15일 보건복지부가 국민시력에 막대한 지장을 초래하는 무자격자에 의한 판매를 허용하는 유권해석 이래 자신의 고통을 삭이며, 자중자애하던 우리 안경사들은 이제 그 업권의 수호를 위해 분연히 일어섰던 것입니다.
문민시대의 세계화를 주창하는 선진행정의 집결체인 보건복지부의 유권해석으로 안경사 면허제도의 도입 입법 취지가 말살된 탓에 안경사 직능의 울분은 활화산처럼 대분화를 일으키고야 말았던 것입니다.

국민시력보호 위해 안경사 면허제도 도입

주지하다시피 지난 87년 의료기사법에 안경사 면허제도가 도입되었고, 뒤이어 89년 그 시행령에 안경사의 업무범위가 규정되었습니다.
이 안경사 제도의 도입 입법 취지는 매년 안경착용 인구가 증가하고, 특히 어린이의 시력저하가 중대한 문제점으로 제기되고 있으므로 국민시력보호 차원에서 전문적인 지식과 기술을 갖춘 안경사만이 등록된 업소에서 안경을 조제 및 판매하게 할 수 있도록 하자는 것이 입법을 하게 된 제안사유입니다.
나아가 안경사 업무범위에 대한 입법 취지는 당시 입법관계자로 참여했던 대한안경사협회측 변호사와 당시 보건복지부의 의료제도과장이 검토하여 안경이란 백과사전에 설명되듯이 안경테와 렌즈의 2대 요소로 구성되고, 시력보호에 많은 영향을 끼치는 안경테와 렌즈 판매 및 선글라스, 돋보기안경은 당연히 안경사가 판매한다는데 의견이 일치되어 모든 안경은 전문지식을 갖춘 안경사가 판매하도록 한 것입니다.
그런데 약품은 산업분류상 공산품 중 의약품으로 분류되어 있지만 약사면허제도가 있기 때문에 약사만이 판매할 수 있듯이 안경테도 공산품 중 편의상 생활용품으로 분류되어 있지만 국민시력보호를 위해 안경사 국가면허제도가 있으므로 안경사만이 판매해야 하는 것이 당연한 것입니다.

안경이란 도수안경, 선글라스, 돋보기 모두 포함

안경이란 금속, 플라스틱, 뿔 등으로 만든 테에 렌즈를 끼운 후 눈에 착용하고서 원시, 근시, 난시 또는 노안을 보정 및 방지하며, 나아가 먼지나 유해 자외선을 차단하는 것으로서 도수안경, 선글라스 및 돋보기 등을 모두 포함하고 있습니다.
그런데 보건복지부는 여기서 안경테만을 따로 떼어 내어 등록된 업소 아닌 곳에서 안경사 아닌 자도 안경테를 판매할 수 있게끔 유권해석을 내림으로써 현재 전문지식이 없는 무면허자에 의한 안경테 판매에서 오는 문제가 도저히 묵과할 수 없는 폐해를 몰고 옴으로써 결국 전국의 2만여 안경사들은 특단의 행동을 요구하기에 이르렀습니다.

유권해석대로 시행되면 안경사 제도 불필요

우리는 그간 이같은 안경사 국가제도 도입의 입법 취지를 망각한 3.15 유권해석을 바로잡고자 전국 시 · 도지부 책임 하에 안경사 업권수호를 위한 궐기대회 등 순수하고도 진지한 움직임을 펼쳐왔던 것입니다.
이 유권해석이 철회되지 않고 그대로 시행된다면 결국 안경사 제도 자체는 유명무실해지고, 국민시력보호에 막대한 지장을 초래하게 되었습니다. 우리는 가까운 역사의 교훈을 잊지 않고, 한 번 실수는 두 번 다시 되풀이 하지 않는 지혜로 스스로를 경계해야 하겠습니다. 우리는 이번만큼은 절대 좌절의 쓰라림을 거부해야 하겠습니다.

95년 5월 17일부터 노르웨이 울렌스방에서 전 세계 28개국이 참석한 IOOL(국제광학검안사연맹) 총회에서도 당시 집행위원국 자격으로 한국이 질의한 설문서에 대해 독일과 같은 안광학 선진국에서도 안경테의 무면허자 판매는 상상할 수도 없는 행위라고 확인해 주었습니다.

또 이번 총회에서는 오는 97년 5월 2일 WCO(World Council of Optometrists:세계검안사의회) 총회를 한국에서 대한안경사협회 주관 하에 개최키로 확정되어 이제 우리 안경사의 위상이 세계적으로 확고히 정립되는 계기가 되었습니다.

<u>우리 모두 시력보호에 앞장서자</u>

친애하는 회원동지 여러분!

우리는 이제 국민의 시력보호를 위해 지금까지와는 달리 보다 적극적이고, 능동적으로 나서야 하겠습니다. 국민시력보호를 위해 특히 저소득층이나 소년소녀가장 및 생활이 어려운 사람 등에게 관심을 갖고, 모든 국민들에게까지도 우리 스스로 시력을 보호하는데 앞장서야 하겠습니다.

아울러 전 국민을 대상으로 안경바로쓰기 등 국민시력보호캠페인을 전개하여 모든 국민들에게 시력보호의 중요성을 일깨우고, 또 시력보호를 위해선 반드시 안경사와 상의해 줄 것을 국민들에게 홍보 계도할 것입니다.

이러한 캠페인에 우리 모두 한사람도 빠짐없이 앞장서서 동참해 주실 것을 촉구하는 바입니다.

<u>어려울 때일수록 슬기롭게 총화단결하여 매진하자</u>

여러분들은 오는 6월말까지는 모든 행동을 국민시력보호 차원에 입각하여 법의 테두리 내에서 합법적으로 취해 주시기 바라며, 대내외적으로 어려운 때일수록 슬기롭게 대처해야 할 것입니다.

6월까지는 의료기사법 시행령 개정안의 입법예고를 거쳐 안경사의 업무범위를 제도 도입의 입법 취지에 맞도록 명확하게 규정하여 해석상 이견이 나오지 않도록 개정해야 할 것입니다.

현행 규정상 안경사의 업무범위 중 "안경의 판매"란 뜻이 잘못된 해석으로 안경사 면허제도를 국민시력보호를 위하여 도입한 당초의 입법 취지가 왜곡될 우려가 있으므로 "안경의 판매"를 풀어 입법 취지대로 등록된 업소에서 테와 렌즈를 포함한 선글라스, 도수용 안경을 명시함으로서 해석상의 이견을 해소하는 방향으로 나가야 할 것입니다.

따라서 이달 말까지는 우리 모두 총화단결하여 6월까지 아무런 조치가 없다면 회원 전체의 뜻대로 전국의 2만여 안경사 회원 모두가 한사람도 빠짐없이 국민시력보호와 안경사 업권수호를 위해 강력히 투쟁에 임하여 국민시력보호와 우리 업권수호에 전력을 투구하는데 총화단결하여 동참할 것을 부탁드립니다.

1995년 6월

대한안경사협회 제12대 회장 김태옥

협회장의 강력한 리더십

보건복지부,
안경사 업무범위조정협의회 추진 방침

1996년 새해부터 나는 다시 뛰기 시작했다. 당장 재정경제원 기획관리실장을 만나 관련 내용을 협의하고 현안사항을 다시 한 번 자료로 제출했다. 보건복지부 차관을 비롯한 의정국장, 관청업무 과장을 면담하고 협회 현안사항을 충분히 설명했다. 국민회의 당사도 방문하고 간담회를 했다.

1. 6 통상산업부 차관, 보건복지부 차관과 정책실장, 의정국장 재정경제원 기획관리실장과 재정경제원 기획관리실장과 보건복지부 의정국장 면담(사무총장 동석)
1. 8 재정경제원 기획관리실장 주재로 재정경제원, 공정거래위원회, 법무부, 보건복지부 관련 국장과 업무범위 논의
1. 15 재정경제원 기획관리실장, 보건복지부 의정국장에게 '안경사협회 현안사항' 자료 제출(이내규 총무이사, 노진오 기획이사, 사무총장 동석)
1. 17 보건건복지부 차관과 의정국장, 총무과장 만나 협회 현안사항 자료 제출(이재신 · 강영한 부회장, 사무총장 동석)

보건복지부는 '안경사만이 안경테를 판매할 수 있다'는 안경사 업무범위와 관련한 법 개정에 대해 관계부처 차관회의를 거쳐 법 개정을 협의하려 했다. 하지만 의견이 일치되지 않자 관련 담당자들을 대상으로 '안경사 업무범위조정협의회'를 구성하기로 방침을 세웠다. 협회가 주장하는 '안경테는 등록된 업소에서 안경사만이 판매해야 한다'는 업권수호의 대명제에 대한 관계부처 간 의견이 엇갈렸기 때문이다.

나는 이 같은 사실을 2월초 보건복지부 차관과 회장단, 협회 임원, 시도지부장들과의 간담회 자리에서 알렸다. 차관은 법 개정 현안을 직접 설명하고, 각 부처와 협의 후 총선을 마치고 공청회를 개최하여 적절한 방안을 마련하겠다고 밝혔다. 보건복지부 차관은 당시 안경관련 의료보험 적용을 언급하기도 했지만 안경업계 여러 상황과 준비 부족으로 받아들이지 못했다.

보건복지부는 '안경사 업무범위 조정회의'를 설치했다. 통상산업부와 보건복지부, 공정거래위원회, 대한안경사협회, 한국소비자보호원, 소비자보호단체협의회, 한국안광학회, 한국광학공업협동조합 등이 참석 대상 단체였다.

협회 갈등 차단, 업권 수호 재다짐

1995년 인적 · 물적 · 시간 투자를 모두 투입했지만 업권수호라는 대명제가 해결되지 못하자 일부 단체와 개인들이 불만을 표시했다.

나는 신년사를 통해 1년간의 성과를 적극적으로 설명했다. 업권수호를 추진업무를 방해하고 협회장의 명예를 실추한 C와 회원들을 선동하는 등 업권수호를 방해한 H에 대한 징계를 위해 자율지도위원회를 열었다. 그 결과 공직을 박탈하고, 3년간 선거권과 피선거권 및 회원으로서의 수익권 등 모든 권리행사를 정지키로 의결했다.

1996년 2월 22일 제23차 정기대의원총회가 경주 힐튼호텔 그랜드볼룸에서 '화합 단결하여 업권수호 이룩하자'란 주제로 대의원 200여명이 참석한 가운데 개최됐다.

나는 누구의 잘잘못을 논하기보다는 불신을 해소하고 화합하여 우리가 원하는 법 개정은 물론 안경사의 위상을 한 단계 올릴 수 있는 한 해를 만들자"고 주장했다. 이 날 업권수호결의문과 정부에 드리는 호소문을 낭독하여 우리의 결의를 다시 다졌다.

서울시 대의원들은 의안 발언을 통해 C와 H의 징계를 철회해달라고 요청했다. 나는 이후 자율지도위원회와 상임이사회를 거치면서 전국 대의원들의 건의와 서울시지부 임원과 회원들의 간곡한 요청을 대승적 차원에서 받아들였다. C의 징계는 해제하고 H는 다른 사유로 징계해제 대상에서 제외됐다.

1996년 2월 경주 힐튼호텔,
제23차 정기대의원총회

업권수호 결의문

안경사 직능을 말살하고자 하는 최근의 업권수호 방해사태를 척결하고, "안경사만이 등록된 업소에서 안경테와 렌즈를 판매"해야 하는 안경사 제도 도입의 입법 취지대로 우리의 업권수호가 관철되게끔 2만여 안경사는 다음과 같이 결의한다.

1. 정부에서 오는 3월말까지 확실한 시행령 개정이나 개정 방침이 정해지지 않을 경우 전국 2만 안경사는 모두 면허증을 반납한다.

2. 법 개정과 관련한 모든 사항은 전적으로 집행부를 신임하고, 집행부의 결정에 위임한다.

3. 3.15 유권해석에 책임있는 자들의 반성을 촉구하며, 지금까지의 언행은 과거지사로 돌리되 계속 업권수호를 방해하거나 업계 이원화를 획책할 경우 전 회원 명의로 엄정 조치한다.

정부에 드리는 호소문

대한안경사협회 전국 2만여 회원 일동은 국민의 시력보호를 위해 5년 전 도입된 안경사 제도의 입법 취지대로 '등록된 업소에서 안경사만이 안경테와 렌즈를 판매'하도록 국민과 정부에 호소합니다.

94년 3월 15일 '안경사 아닌 자도 안경테를 판매할 수 있다'는 당국의 유권해석으로 인해 안경렌즈와 안경테의 2대 요소로 구성되는 안경의 절대 개념이 무너져 국내에는 안경사 아닌 자에 의해 테만 따로 판매하는 대형 공테매장이 난립하게 되었습니다. 이로 인해 식별능력이 없는 소비자들은 저가격과 모양에만 치우쳐 안경사 아닌 자들로부터 자신의 시력과는 무관하거나 오히려 저해되는 테를 구입함으로써 시장유통질서와 안경광학적 및 시건강 측면이 도외시되어 국민시력보호 정책은 근본 방향을 상실하게 되었고, 안경사 직능 또한 땅에 떨어져 버렸습니다.

이에 대해 우리는 지난 1995년 3월부터 현재까지 회원 모두가 한마음 한뜻으로 관계요로에 이러한 우리의 뜻을 수차례 요구했으나 아직 아무런 결실이 없습니다. 이제 우리 2만여 안경사들은 이 땅의 안보건 정책의 근간을 바로 세우고, 나아가 안경사 업권을 수호하기 위하여 오늘 우리 협회 제23차 정기대의원총회를 맞아 다음과 같이 결의하면서 우리의 뜻이 관철될 수 있도록 호소하는 바입니다.

1996년 2월 22일 대한안경사협회 김태옥 회장 외 대의원 일동

회원들의 높은 관심, 직접 대화 선택

나는 회원들과 직접 대화하는 방법으로 어려운 시기를 헤쳐가고자 했다. 1996년 3월 11일 경북지부 포항분회(분회장 채희태) 회원 80여 명이 보건복지부를 항의 방문했다. 이들은 의정국장을 만나 안경사의 업무범위와 안경테가 의료용구로 지정되도록 해줄 것을 요구했다. 의정국장은 관련부처 차관회의의 결론이 중요하다고 답변했다. 면담을 마친 포항 분회원들은 제2정부종합청사 앞에서 안경사법 개정 촉구시위를 벌인 후 협회를 찾아왔다. 나와 임원진의 노고를 치하, 격려금을 전달하고 간담회를 가졌다.

3월 20일에는 부산 로얄호텔에서 부산지부(지부장 김회병) 초청으로 안경사 업무범위 관련 간담회를 개최했다. 참석한 회원들이 협회 현안에 관심이 많아 1시간 40분 정도 질의응답 시간을 따로 마련했다.

3월 22일에는 한국안광학회 임원진과 안경사 업무범위 관련 간담회를 가졌다. 한국안광학회 측은 안경사만이 안경테를 조제 판매할 수 있다는 협회 입장을 적극 지지했다. 학회도 안경테 관련 논문을 수집하여 이론적 근거를 확립하는 등 협조하기로 했다. 간담회에는 홍성진 학술이사, 대구보건전문대학 강현식 교수와 동남보건전문대학 최성숙 교수, 신흥전문대학 표경민 교수 등 7명의 교수가 함께했다.

6월 18일에는 서울시지부 소속 강서·양천구분회가 업권수호 등 핵심 현안에 대한 해답을 듣고자 나를 초청했다. 이들은 징계권

강화와 가격표시제 등 앞으로의 협회 운영에 대해 질의했다. 나는 조정회의를 통해 산업연구원과 함께 적정한 조제료가 책정되도록 노력하고 있다고 설명했다.

안경사 업무범위 조정회의 참석

1996년 4월, '안경사 업무범위 조정회의'가 열렸다. 보건복지부 회의실에서 열린 1차 회의에는 통상산업부, 공정거래위원회, 소비자보호원, 소비자보호연맹 등 관련부처 관계자와 안경사협회를 비롯한 광학공업협동조합, 한국안광학회 인사들이 참석했다. 첫 회의에서는 '안경테가 시력보정에 미치는 영향'과 '안경테의 자율판매가 소비자에게 미치는 영향' 그리고 '국민 안보건과 경제정책과의 조화 방안'에 관해 의견을 조정했다.

2차 회의는 6월 12일 산업연구원에서 '가격표시제 실시에 따른 안경의 조제 기술료 산정' 주제의 정책토론회와 함께 개최됐다. 산업연구원 서제일 연구위원은 안경원당 1일 평균 조제건수가 1985년 14.3건에서 1995년 5.5건으로 줄었다며, 안경유통질서를 위한 적정 조제 기술료는 31,000원으로 산출됐다고 발표했다.

나는 한국안광학회 강현식 회장, 매일경제신문 박시룡 논설위원, 재경원 신윤수 복지생활 서기관, 소비자단체협의회 이성옥 부장, 보건복지부 이형주 의료정책과 과장, 한국광학공업협동조합 김천태 전무, 통상산업부 김도균 유통산업과 사무관과 함께 토론자로 나서 가격표시제의 부적합성을 지적했다.

산업연구원에 안경조제료 산정 의뢰

통상산업부는 안경테, 안경렌즈의 공장도 판매가를 표시하는 가격표시제를 3차에 걸쳐 연기했다. 안경 조제의 특수성을 인정해 안경조제료를 산정토록 한 것이다. 협회는 산업연구원에 의뢰해 31,000원으로 산출한 바 있다.

산업연구원은 통상산업부에 이 연구보고서를 제출했다. 나는 통상산업부를 방문, 안경조제료 산정에 따른 문제를 제기했다. 안경테와 안경렌즈를 공장도 판매가 표시 대상품목에서 제외 또는 유예토록 요청했다. 안경조제료의 법적 보장 없이 가격표시제가 시행되면 안경업계의 오랜 관행으로 볼 때 소비자와 안경사 모두 안경조제료 부담과 불신, 혼란이 야기될 터였다.

나는 저가 안경제품의 가격상승에 따라 오히려 소비자보호에 역행한다고 주장했다. 안경업소와 안경사 증가, 가격파괴에 따른 현저한 가격 하락, 정부 추진 자유판매 가격제 도입과도 상반되는 것이었다. 11월 13일 공청회에서 가격표시제는 의미없다고 결론 난 점도 내세웠다. 안경테, 안경렌즈는 품종별, 상표별, 디자인별, 공정별로 수만 종류여서 일일이 가격표시가 불가능한 점도 강조했다.

통상산업부는 현행 공장도 가격표시제 문제를 인정하여 단계적으로 삭제 대상품목을 선정한다고 했다. 7월 20일 나는 조선호텔에서 안경테도매업협동조합 김종철 이사장과 홍기운 렌즈분과위원장 등 6명의 대표와 가격표시제에 대한 다양한 의견을 나누었다.

안경테 가격표시제도와 관련 재정경제원은 물가안정을 위해 가격인하에 장애요소가 되는 공장도가격표시제를 1996년 8월부터 단계적으로 폐지하고 최종 판매가만 표시하는 자유가격제를 도입했다. 이와 관련 가격표시의 전제가 되는 안경사 조제기술료를 합리적 수준에서 책정하여 지켜질 수 있도록 제도를 보완하기로 했다.

국회 보건복지위원장 명예안경사 위촉

1996년 9월 20일 힐튼호텔에서 열린 안경사의 날 기념식은 국회 보건복지위원장, 한국노인복지시설협회장 및 전임 김화주 회장을 비롯하여 유관단체, 안경광학과 교수 등 100여 명이 참석한 가운데 성황리에 열렸다. 보건복지위원장을 명예 안경사로 추대하는 등 안경업계 현안을 해결하기 위한 설득 기반을 조성했다.

기념식에서는 9.28 안경사의 날을 기념하기 위해 자랑스러운 안경사대상을 시상하고, 불우노인을 위한 안경 기증식(2억 원 상당)을 가졌다. 나는 1995년에 이어 10월 1일부터 31일까지 1개월간 전국 안경원에서 무료 안경수리 및 시력측정캠페인을 전개한다고 발표했다.

이즈음 안경업계에는 12대 집행부의 사업을 추진하는 데 차질을 빚는 오해가 빚어졌다. 나는 월간 안경계에 중단을 촉구하는 긴급공지를 게재하고 회원들의 불필요한 오해를 없애기 위해 유언비어 하나하나에 대답하는 등 적극 해명했다. 협회의 회무 진행 내용

1 1996년 6월 안경조재기술료 산정 관련 회의

2 1996년 9월 20일 서울 힐튼호텔, 제6회 안경사의 날 기념식에서 명예안경사로 위촉된 故 신기하 국회 보건복지위원장

을 상세히 알지 못해 발생한 이런 상황은 열심히 뛰던 집행부로서 가슴 아픈 일이었다.

10월 27일, 28일 충북 수안보파크호텔에서 개최된 임원수련대회에서는 故 신기하 국회 보건복지위원장이 '복지사회와 안경사의 역할'을 주제로 특강을 가졌다. 이 자리에서 위원장은 "국민 안보건에 도움이 되는지 잘 살펴보겠다"는 안경사법의 유권해석과 관련하여 긍정적인 답변을 주었다.

협회 업무로 회장 구속, 이후 사면복권

1996년 11월, 국민 안보건과 안경사의 업무범위 등 업권 수호에 바쁜 나날을 보내던 나와 12대 집행부는 큰 위기에 직면했다. 11월 13일 나는 제3자 뇌물공여 혐의로 구속되었다. 구속과 관련된 당시 상황은 2부에 자세히 언급되었다(72쪽 참고).

국민 안보건을 위한 큰 성과를 앞두고 협회 일부 세력의 오해와 반목으로 인해 중단되어, 개인적 아픔은 둘째치고라도 국민 안보건과 업계 발전을 위해 큰 손실이 되었다. 또한 이때 일로 정치 일선에서 물러난 보건복지부장관과 구속된 부인에게 협회를 대표하여 진심으로 사과드린다.

회원들은 검찰 조사를 통해 그동안 일부에서 제기되어 온 "김태옥 회장이 개인적인 사리를 도모해 온 것 아니냐는 의혹은 벗겨졌으며, 회원들을 위해 전력투구해 왔다는 것"이 밝혀졌다고 입을 모았다. 각 시도지부 임원과 많은 회원들이 안경업계의 권익과 발전을 위하다 구속되었다며 성금을 전달하고 면회 신청이 잇따랐다.

나는 수감된 서울구치소에서 '전국 회원에게 드리는 글'(232쪽 전문 게재)을 안경계에 보냈다.

협회장 구속 당시 안경사협회 입장 글 중에서

그동안 협회는 김태옥 회장님 외 집행부가 혼연일체로 업권수호라는 절대절명의 과제를 가슴 깊이 새기며 일로매진, 안경사법의 개정에 혼신의 힘을 다해왔습니다.

협회에서는 보건복지부와 관련부처를 수없이 찾아가 때로는 읍소하며, 때로는 전국 2만여 안경사의 이름으로 안경사법 개정을 호소해온 것이 사실입니다.

이 같은 집행부의 부단한 노력이 결코 개개인의 사리사욕을 도모코자 했던 욕심에서 빚어진 일이 아니라는 것은 역설적이나마 언론에서 명백하게 밝혀주었습니다.

1997년 2월, 구속 88일 만에 보석 출소한 자리에는 협회 상임이사 및 중앙이사, 각 시도지부장 등 40여 명이 운집하여 나와 가족들을 위로해주었다(235쪽 안경계 권두언 게재).

많은 지지자들의 만류에도 불구하고 나는 차기 회장 불출마를 선언(240쪽 인터뷰 참고)하고, 2월 27일 제24차 정기대의원총회에서 회장직을 인수인계했다. 이로써 2년간의 파란만장했던 안경사협회 12대 회장의 임기는 마무리되었다.

이후 항소심에서 법정구속되었고, 모범수로 2개월 감형 받아 1998년 6월 자유의 몸이 되었다. 그리고 2000년 8월 15일 광복절 사면복권되어, 사리사욕 없이 협회장으로서 추진한 이 일은 마무리되었다.

월간 안경계 1996년 12월호 전국 회원에게 드리는 글 전문

국민시력보호와 업계발전 위해 새로 시작하자
- 희망과 용기와 화합만이 국민 신뢰 얻어

전국의 안경사 여러분! 금번 보건복지부장관이 경질되는 등의 불행한 사태는 본인의 부덕의 소치로서 이 모든 것은 진실로 본인의 책임임을 통감하고 있습니다. 이번 일로 회원 모두에게 깊은 심려를 끼쳐 드린데 대해 우선 지면상으로 사과를 드립니다.

'안경테 독점판매' 운운 언론보도, 입법 취지 왜곡, 국민 불신 불러

일부 언론들이 이번 일을 두고 안경사가 안경테를 독점판매하려는 기도하에 일어난 일로 왜곡 보도하여 국민들의 불신을 불러온 바, 이는 전혀 이치에 닿지 않습니다.
본인이 재임하던 89년 12월에 공포된 안경사 제도 도입(의료기사등에관한법률 제1조)의 입법 취지는 국민시력보호를 위해 전문가인 안경사가 안경의 조제 · 판매를 하도록 되어 있고, 여기서 조제 · 판매라 함은 테와 렌즈를 조제 및 판매하는 것으로 정리되었던 것입니다.

이러한 것을 94년 3월 보건복지부가 '안경사 아닌 자도 안경테를 팔 수 있다'라는 유권해석을 내림으로써 무자격자가 테를 취급하여 시력보호와 역행하는 처사가 뒤따라 국민시력보호는 구두선이 되어버렸고 공테매장이 난립하면서 저가의 불량품이 난무하는 등 유통질서가 문란해지고, 최근에는 안경사 아닌 대형 법인기업이 진출하는 등 심각한 국면에 접어들어 휴 · 폐업이 속출하는 등 당초의 안경사 제도 도입의 입법 취지가 무색해졌고, 안경사 자격증도 무용지물이 되어 버렸습니다.

입법 당시의 법 규정대로 바로 잡자는 것

따라서 안경사 본연의 직능을 되찾아 국민시력보호를 기하자는 당초의 입법 취지대로 바로 잡자는 것인데도 이를 '안경테 독점판매' 운운한 것은 터무니없는 왜곡 보도인 것으로서 안경사 모두의 울분을 자아내고 있는 것입니다. 금번 사태로 업계에는 유 · 무형의 커다란 손실이 초래될 것입니다.

우선 안경업계의 발전은 20년가량 후퇴될 것으로 봐야 합니다. 특히 가장 심한 피해를 입을 곳이 바로 우리 안경사들, 즉 소매업계입니다. 가격구조의 왜곡 등이 불을 보듯 뻔한 가운데 이 피해는 날이 갈수록 심대한 영향을 끼칠 것으로 생각됩니다.

95년 및 96년 결정적 시기에 문제 야기

업계의 일부 인사들이 사문서 유포, 내용증명 발송 등으로 작년과 금년에 걸쳐 결정적 시기에 문제를 야기해 왔습니다. 95년 10월에 문제를 일으켜 특별회비를 모두 반환하는 사태가 발생했고, 금년에는 10월에 다시 검찰에 고소를 제기하는 등 결정적 시기마다 문제를 걸어왔던 것입니다. 지난 10월 중 협회 임원 등과의 간담회 석상에서나 10월 28일 임원수련대회에서도 금년 회기 내에 안경사 업무범위 관련 법령 개정이 입법 취지대로 해결되리란 의지를 표명한 바 있습니다. 이렇듯 어려움 속에서도 결실이 예고되는 시점에서 사문서가 유포되고, 고소가 제기되는 등 또 다시 진로가 막혔던 것입니다.

국민 및 관련부처 누를 끼쳐 죄송

그러나 여하 간에 이번 일은 국민과 관련부처에 누를 끼친 뼈아픈 일로서 심히 죄송할 따름으로 다시 한 번 그 모든 책임이 본인에게 있음을 뼈저리게 느끼고 있습니다.

지금까지 협회의 모든 업무는 이사회의 위임을 받아 처리되고 집행된 것인 바, 작년의 특별성금건도 위임을 받아 모금한 것이지만 일부의 문제제기로 모두 돌려준 후 본인 자신의 개인자금으로 일을 했던 것이므로 현 집행부로서는 결백이 입증되었다 할 것입니다.
이러함에도 염불보다 잿밥에 눈이 먼 인사들이 있다는 것이 안타까운 일이나 진실로 당사자들이 협회를 아끼는 심정에서 한 일로 이해하겠으며, 회원 상호간의 불신풍조를 버리고 개인 아닌 우리를 위해 단합하자는 뜻에서 모든 회원들이 이들을 이해해 주시고 감싸주시길 바라는 마음 간절합니다.

<u>90년 회장 재임 시 현재의 안경사 제도 도입한 것 가슴 뿌듯</u>
본인이 90년도에 제9대 회장으로 재임 시 안과의사의 처방을 받아야 안경을 판매할 수 있고, 안경사 아니라도 안경원을 개설할 수 있게끔 공포되어 있던 당시의 법령을 유례없는 법 시행 전 모법 개정이라는 쾌거에 의해 안경사가 직접 시력측정을 하고 안경사만이 안경원을 개설할 수 있게 하는 현재와 같은 안경사 제도를 도입한 것은 지금도 가슴 뿌듯한 일로 여기고 있습니다.

이제 본인은 협회 발전을 위해서라면 자리에 연연하지는 않을 것입니다. 협회 발전을 위해서라면 자리가 중요한 것이 아니므로 본인이 어디에 위치해 있건 간에 항상 여러분 곁에서 협회의 발전을 위할 각오입니다.

끝으로 그동안 말 없는 가운데 성원과 격려를 보내주고 계신 모든 회원께 감사드리면서 용기를 잃지 말고 희망찬 포부로 새롭게 업계의 앞날을 헤쳐 가는데 진력해 주실 것을 당부드립니다. 정말로 이번 사태를 새로운 발전의 계기도 삼도록 합시다. 감사합니다.

서울구치소에서 협회장 김태옥

월간 안경계 1997년 2월호 권두언 전문

2. 27 총회의 바른 선택이 안경사의 미래 결정한다
- 안경사 제도는 소매업 위해 도입한 것

88일간의 옥고 다신 없도록 안경사가 달라져야 산다.

지나간 두해 동안 우리는 우리의 의지와는 상관없이 남을 손가락질 하고, 남의 허점을 헤집으며 서로 남을 탓하면서 세월을 보냈습니다. 본인은 기회가 있을 때마다 "협회가 발전하는 것이 곧 회원과 업계의 발전"임을 전제, 모두 애회심으로 기필코 직능수호를 쟁취하도록 함께 노력할 것을 촉구하면서 그간 업계의 여론에 대해 너무도 이해가 부족했던 일부 회원들도 화합하여 새롭게 출발할 것을 당부한 바 있습니다.

1989년 안경사 제도 도입 시 안경사 업무범위 중 '처음 안경을 하려면 안과의사에 의한 처방에 의해' 하도록 하는 등 많은 독소조항이 있을 때 이 법의 개정을 위해서 누구 한 사람도 회장을 할 사람이 없었습니다. 그 시절 본인이 회장으로 추대되어 이 법만 만들면 동상을 세워준다는 등의 약속은 어디로 가고 작금에 와서 '안경테와 렌즈는 아무나 팔아도 된다'는 사람 따로 있고, 이것을 법 취지대로 바꾸겠다는 사람은 88일간의 옥고를 치루고 나오는 작금의 한심한 현실입니다.

안경사 제도는 국민시력 보호하고자 소매업 위해 도입한 것
제조 · 도매는 안경사자격증 불필요

안경사 제도 도입 입법 취지는 몇몇 사람들 때문에 모두가 허사가 되어버렸습니다. 나도 너도 우리도 아무 것도 얻은 것이 없지 않습니까. 이 거대한 부조화와 갈등의 구조로 인해 '거함 안경사호'는 그동안 우리 업계

의 반목과 아집으로 소매업과 도매업의 잿밥에 눈이 먼 몇몇 사람들에 의해 침몰하기 일보직전입니다. 본인과 현 집행부가 우리의 직능을 바로잡고자 했던 뜻은 여러분들도 잘 알다시피 결코 안경테 독점판매에 있던 것이 아닙니다.

본인이 제9대 회장으로 재임 중이던 89년 12월 의료기사등에관한법률 제1조에 국민시력보호를 위해 "안경사가 시력보정용 안경의 조제 및 판매"를 하도록 공포되었고, 여기서 안경의 조제라 함은 소매 개설업소에서 시력검사를 거쳐 안경테와 안경렌즈를 조제하는 것이고, 판매라 함은 이 안경테와 렌즈를 소매업소에서 판매하는 것으로 정리되어 안경사 제도가 도입되었던 것입니다. 따라서 공장과 도매업 종사자들에게는 안경사 자격증이 불필요한 것입니다. 당시의 이러한 제도 도입은 지금도 가슴 뿌듯한 일로 여깁니다.

이렇게 국민시력보호를 위해 소매 안경사가 안경테와 렌즈를 조제 · 판매하도록 한 안경사 제도 도입의 입법 취지는 94년 3월 15일 관계당국이 "안경사 아닌 자도 안경테를 판매할 수 있다"라는 유권해석을 내리기 이전까지는 아무 문제가 없이 잘 이행되어 왔던 것입니다.

금번 사건으로 국민과 관계기관에 죄송
독점판매 아닌 입법 취지대로 바로 잡자는 것

그러나 이 유권해석 이후 무자격자의 공테판매로 시력보호와는 역행하는 처사가 자행되었고, 가격파괴에 의한 유통질서 문란 등으로 소비자들은 양질의 안경제품을 선별하지 못하는 등 안보건 측면과 경쟁력 제고 등에서 안경사 제도는 유명무실하게 되었던 것입니다.

본인은 바로 이런 상황을 타파하고 국민의 안건강과 건전한 유통질서를 되찾고자 유권해석을 철회하여 안경사 제도 도입의 입법 취지대로 바로 잡아줄 것을 관계요로에 협조를 구했던 것임에도 이를 두고 마치 우리가 안경테 독점판매권을 확보하기 위해서였다고 매도하는 것은 그야말로 본말이 전도된 일이라 하겠습니다. 그러나 합법적 절차를 따르지 못하고 물의를 빚은 점은 국민과 정부에 죄송한 마음 금할 길 없습니다.
업권수호 진행과 관련 특별회비 모금 등 모든 관련 회무는 협회 이사회의 위임을 받아 처리하고 집행했던 것임도 밝혀둡니다.

그렇게 총력을 기울였음에도 95년 10월과 96년 10월 배가 항구에 접안하려고 할 때 큰 풍랑을 만나 항구에 접안하지 못하고 침몰하려 했던 것은 우리 모두의 가슴에 남아 끝없이 떠돌 것입니다. 지난 6년간 우여곡절을 겪으면서 항해하고 있는 우리 배는 이제 더 이상 항해할 수 없을 만큼 우리 스스로가 만들어 버렸던 것입니다.

그러나 우리는 여기서 침몰할 수는 없습니다. 좋은 선장과 항해사, 선원이 있기 때문에 반드시 항구에 도착할 것입니다. 올해는 '안경사호 살리기운동'의 해로 정하여 문은 항상 열려 있으니 말로만 화합이 아닌 궁극적인 사고로 도약의 해로 만들어야 하겠습니다.

2.27 협회 총회와 4.20 WCO 총회 등 올해는 21세기를 향한 선택의 해

1997년은 우리 업계 구성원 모두에게 어느 때보다 신중한 판단과 현명한 선택이 요구되는 해입니다. 오는 2월 27일에 실시되는 협회장 선거도 그렇지만 계속되는 경기부진으로 불확실성과 불안정성이 두드러지면서 안경업계 전체가 매우 심한 마찰과 갈등으로 소비자 변화와 사회적 여건으로 유통업계에 대변화가 예상됩니다.
이 엄청난 시련과 도전의 해에 우리 미래를 정하는데 결정적인 것은 우리 안경사의 선택입니다. 자유경쟁체제와 특히 OECD(경제협력개발기구)

가입으로 기업뿐만 아니라 우리 사회 모든 분야에서 선진국 규범을 받아드리지 않을 수 없고, 무한경쟁시대로 돌입하게 되었습니다. 따라서 오는 2월 27일 총회에서의 선택이 우리 업계의 미래를 좌우하게 될 것임을 우리 모두 명심해야 할 것입니다.

특히 4월 20일부터는 아시아에서는 처음으로 우리나라에서 열리는 WCO(세계검안사대회) 대회가 성공적인 대회가 된다면 땅에 떨어진 우리 안경사의 위상을 되찾을 수 있는 좋은 기회라 생각됩니다. 그리고 입법 취지대로 안경사가 국민시력보호를 위해 안경테와 렌즈는 당연히 안경사가 판매하도록 계속 노력해야 합니다.

큰일을 맡기고자 하면 먼저 대란으로 시험한다.

맹자는 대임(大任)을 맡기고자 한다면 먼저 그에게 대란(大亂)을 안겨준다고 갈파했습니다. 협회 발전과 안경사를 위해 대임을 맡기고자 하는 우리에게 엄청난 대란을 안겨준 것으로 받아드릴 수 있는 지혜가 무엇보다도 아쉬운 시기이므로 2.27 총회를 계기로 우리 다함께 업계발전을 위해 노력합시다.

올해는 특히 화합의 한해가 되어야 하겠습니다. 회원으로서 의무를 다하지 않은 몇몇 회원과 업종간 · 지역간 서로가 화합과 타협의 지혜를 발휘해야 합니다. 올해에는 갈등과 분열의 찌꺼기를 화합의 용광로에서 말끔히 녹여 버리고, 안경사가 단합하여야 만이 국민들로부터 신뢰받는 안경사로 새롭게 태어날 수 있습니다.

아집과 선입견을 버리고 국민으로부터 신뢰받고 업계의 발전을 위해 모두가 뭉칩시다. 떳떳한 자존과 긍지를 바탕으로 오늘의 어려움을 전화위복의 계기로 삼아 나갑시다. 국민으로부터 신뢰받고 업계발전이 있을 때 영하 10도를 오르내리는 감옥에서 88일간 옥고를 치른 것이 모든 안경사들을 위해 보람이 될 것으로 믿습니다. 옥고를 치르는 동안 하루도 빠지지 않고 용기와 격려를 아끼지 않은 가족이나 모든 임원께 감사드리고, 많은 회원들의 격려의 편지와 물심양면으로 도와주신 분들 가정에 행운을 기원합니다.

끝으로 본인의 출소 후 따뜻이 맞아 주신 회원들과 그동안 말 없는 가운데 성원과 격려를 보내주고 계신 모든 회원께 감사드리면서 용기를 잃지 말고 희망찬 포부로 새롭게 업계의 앞날을 헤쳐 나가는데 진력해 주실 것을 당부드립니다. 정말로 이번 총회를 새로운 발전의 계기로 삼도록 합시다. 감사합니다.

1997년 2월 차기 회장 불출마 선언 인터뷰 중 발췌문

안경사 자격만큼 소중하고 자랑스러운 것은 없다

회장 불출마선언을 했는데 그 이유는

나의 뜻은 오직 협회의 발전과 회원들의 권익을 위하는 것이다. 그동안 회장단 및 상임이사회 등에서 만장일치로 차기 회장에 재추대하는 등 전국적인 움직임까지 있었다. 협회의 발전과 화합을 위해서는 모든 것을 내가 책임지고 물러나기로 마음먹었다. 나의 희생이 협회의 발전과 회원들의 권익을 위해 밑거름이 되어야 한다는 뜻에는 변함이 없다.

앞으로의 협회 진로에 당부하고 싶은 점은

협회장이 누가 되든 안경사의 권익과 대외환경 변화에 능동적으로 대처, 다가오는 21세기를 대비해야 한다. 차기 집행부는 다가온 WCO와 APOC 등 국제행사를 무사히 치러 실추된 안경사의 위상을 바로 세워야 한다. 내가 필요한 부분이 있다면 회원 자격으로 그동안의 경험과 노하우를 동원하여 무엇이든 보탬이 되도록 도울 생각이다.

덧붙이고 싶은 말은

88일간 옥고를 치르는 동안 전국의 회원들이 보여준 물심양면의 성원에 감사하다. 12대 집행부와 협회 직원들의 노고에도 위로의 뜻을 전한다. 내가 가진 자격 중 안경사 자격만큼 소중하고 자랑스러운 것은 없다. 나의 이 같은 용단이 협회와 안경사를 위해 획기적인 전환점이 되어 화합과 단결로 안경업계가 진일보할 수 있도록 총력을 기울여주기 바란다.

안경사의 위상 높이다

1995. 02. 17 대한안경사협회 제12대 회장 선출

제12대 집행부
회장 : 김태옥
감사 : 김호두, 이윤태, 황영창 - 심재관
수석부회장 : 김영석
부회장 : 구자걸, 이재신, 강영한, 김태중, 박정호, 천창재, 유석빈
총무이사(이내규-허상길), 기획이사(노진오-갈병준), 재무이사(최광직-박신호), 교육이사(신재현-이남한), 법제이사(유석빈-박명호), 홍보이사(고인길), 섭외이사(최영윤-조필규), 사업이사(허상길-조병일), 학술이사(홍성진), 국제이사(김생환-유석빈-배종식), 자율이사(박신호-박희열), 이업종이사(심기수)
중앙회 이사 : 심기수, 함용대, 윤양식, 이영호, 권영석, 배종식, 박희열, 이종학, 김수남, 남종길, 이남한, 김태룡, 황규복, 고정길, 채희복, 우상인, 부응규
시도지부장 : 서울 천창재, 부산 김회병, 대구 김득홍(손병칠), 인천 김광수 광주 김승국, 대전 김하석, 경기 전일혁, 강원 박민학, 충북 김계완, 충남 윤여홍, 전북 정현모, 전남 박종식, 경북 최용출, 경남 강준희, 제주 박병래

02. 27 국무회의 상정, 심의 의결

03. 17 협회 임원 및 시도지부장 연석회의 개최
- "안경테는 안경사가 판매하는 것이다"라는 유권해석이 최우선 역점사업임을 강조

03. 30 보건복지부에 대안협 제95-42호 공문
- '안경사 업무범위에 관한 유권해석 철회 요청' 발송

04. 23 유권해석 철회 관련 업권수호 궐기대회 전 시도지부 격려 방문

1995. 05. 18	청와대 방문(함용대 이사 동행)
6월 초	특별담화문 발표
06. 15	민자당 현경대 원내총무 면담(최영윤·부응규 이사 등 동행)
07. 11	청와대 홍인길 총무수석비서관 면담(함용대 이사 동행)
07. 19	이성호 보건복지부장관 면담, 협회 뜻 반영 약속(김태섭 부이사관, 협회 김영석 수석부회장, 이내규 이사, 전일혁 경기지부장 참석)
07. 20	안경사 업권수호 관련 긴급 호외판 발행
07. 21~08. 06	보건복지부 방침 확정 과정과 경위 설명 간담회 개최
08. 04	한국광학공업협동조합에 협조공문 발송
08. 31	국민시력보호캠페인 관련 이성호 보건복지부 장관에게 소년소녀가장 및 생활보호대상자를 위한 무료 안경티켓 기증서 1만매(5억 원 상당) 전달
09. 28	제1회 국민시력보호 가두캠페인(전국), 명동 캠페인 참여
10. 27	제8차 긴급이사회(보건복지부 요청에 특별회비 반환 결정)
11. 14	남양주분회 초청 간담회 참석(보건복지부장관 부인과 강영한 부회장, 노진오·홍성진 이사, 전일혁 경기지부장 등 동석)
12. 08	5년 이상 안경업 종사자 45명 두 달간 재교육(39명 합격)
12. 20	청와대 개각 단행(김양배 보건복지부장관 임명)
12. 29	홍재형 전 부총리 겸 재정경제원장관 초청간담회 개최

1996. 01. 04 자율지도위원회 개최(서울시지부 C 지부장 징계 건)

01. 06 제1차 임시상임이사회 개최(C 서울시지부장 징계 의결)

통상산업부 차관, 보건복지부 차관과 정책실장, 의정국장, 재정경제원 기획관리실장과 업무 협의(사무총장 동행)

01. 08 재정경제원 기획관리실장 주재 관계부처 업무 협의(재정경제원과 공정거래위원회, 법무부, 보건복지부 관련 국장 등과 업무범위 논의)

01. 11 자율지도위원회 개최(H 감사 징계 건)

01. 15 재정경제원 기획관리실장과 보건복지부 의정국장에게 '안경사협회 현안사항' 자료 제출 및 업무 협의(이내규·노진오 이사, 사무총장 동행)

01. 17 보건복지부 방문(차관, 의정국장, 총무과장에게 협회 현안사항 자료 제출 및 업무 협의) (이재신·강영한 부회장, 사무총장 동행)

01. 30 자율지도위원회 개최(H 감사 징계 건)

제3차 임시상임이사회 개최(H 감사 징계 의결)

02. 05 보건복지부 이기호 차관과 간담회 개최, 법 개정과 안경사 업무범위조정협의회 역할 설명(회장단, 임원, 시도지부장 참석)

02. 22 제23차 정기대의원총회 개최(C 서울시지부장 징계 철회, H 감사 징계 해제대상 제외)

03. 11 경북 포항분회원들과 간담회 개최(80여 명 보건복지부 방문 후)

03. 22 한국안광학회 임원진과 안경사 업무범위 간담회 개최, 협회 지지와 이론 근거 제공 피력

1996. 04. 03 제1차 안경사 업무범위조정회의 참석(보건복지부, 통상산업부, 공정거래위원회, 소비자보호원, 소비자보호연맹, 대한안경사협회, 한국광학공업협동조합, 한국안광학회)

05. 17 한국안광학회 창립총회 참석

06. 02~06 독일 뮌헨 WCO(세계검안사총회) 참석, 97 WCO 서울총회 홍보(구자걸 부회장, 유석빈·이남한 이사 동행)

06. 12 제2차 안경사 업무범위조정회의 참석('가격표시제 실시에 따른 안경의 조제기술료 산정' 정책토론회 토론자로 나서 가격표시제 부적합성 강조)

06. 18 강서와 양천분회원 초청 간담회 참석

06. 21 97 WCO 서울총회 유치 확정 기자간담회 개최

07. 11 회장단과 감사, 시도지부장 연석회의 개최(대선산업 안경업계 진출, 가격표시제 추진상황, 보건복지부 업무범위조정회의 등 논의, 업권대책소위원회 구성)

업권대책소위원회 조직 및 임원 명단

위원장 : 이재신 부회장

위원 : 김태중 부회장, 구자걸 부회장, 심재관 감사, 천창재 서울지부장, 김회병 부산지부장, 김승국 광주지부장, 김하석 대전지부장, 전일혁 경기지부장, 윤여홍 충남지부장, 박종식 전남지부장, 강준희 경남지부장

07. 20 가격표시제 관련 업계 대표자회의 개최

07. 29 업권대책소위원회 개최(안경사 업무범위 개정과 대선산업 안경업 진출 문제 등 토의)

08. 08 청와대 개각 단행 이성호 보건복지부장관 재임명(시행령 개정 추진 박차)

09. 16 품질보증제도 관련 기자간담회 개최

1996. 09. 20 제6회 안경사의 날 기념식 거행, 신기하 국회 보건복지위원장 명예안경사 추대, 불우노인에 안경 기증(2억 원 상당)

10월 초 월간 안경계에 긴급공지 게재('법령 개정 방해와 업계 화합 저해행위 등 어떠한 도전도 단호 대처, 한 목소리)

10. 10 국민회의 당사 방문, 법 개정 관련 간담회(임원진 동행), 안경사의 법률 개정 취지 동감, 적극 협조 약속

10. 20 제8차 상임이사회 개최(홍인길 · 유흥수 의원, 한국경제신문 박용정 대표 등 협회 자문위원 위촉 결정)

10. 24 한성대 행정대학원 행정학과 객원교수 취임

10. 27 ~28 임원수련대회 개최, 신기하 국회 보건복지위원장 '복지사회와 안경사의 역할' 특강 중 야당도 법 개정 위해 노력하겠다고 약속

11. 05 국회 방문, 개정 법안 협조 요청

11. 13 제3자 뇌물공여 혐의로 구속(보건복지부장관 부인에게 1억7천만 원 제공 혐의, 장관 사의 표명, 장관 부인 구속)

11. 14 협회, 제2차 긴급이사회, 김영석 수석부회장 회장 직무대행(일간지 사과문 게재 및 탄원서 제출 의결)

11월 중순 월간 안경계 11월호 비상등 코너에 회장 구속사태 원인과 배경, 사건일지 및 대책 등 게재

11. 16 협회, 대국민 사과문 '국민과 보건복지부에 드리는 글' 언론 게재

서울구치소에서 작성한 '전국 회원에게 드리는 글' 월간 안경계 게재

1997. 01. 14 징역 1년 2개월 선고, 불복 항소 결정

1월 중순 대전 및 충남지부 등 성금 전달, 면회 신청자 많아 협회가 조정

02. 06 보석신청 허가, 88일 만에 출소, 가족과 협회 임원, 시도지부장 등 100여 명 운집. "안경테 독점권 왜곡보도 유감" 성명 발표

02. 11 제2차 상임이사회 개최(회장 사임서 반려 결정, 회장 재추대 결의)

02. 17 제13대 회장 선거 불출마 확정

02. 27 제24차 정기대의원총회 개최(회장 인수인계)

04. 08 항소심에서 원심대로 징역 1년 2개월 실형 확정, 법정구속(당시 모 지부장과 몇몇 회원이 법원에 김태옥 회장 구속의 필요성이라는 진정서 제출)

1998. 2월 모범수로 2개월 감형 받고 만기 출소

2000. 8월 김대중 정부 광복절 경축기념 사면복권, 대한안경사협회의 보건복지부 로비사건 완전 종결

안경사라는 직업 어떻게 만들어졌나

일 시 2017년 2월 17일

장 소 시호비전

참석자

이재신 | 제9대 부산지부장, 제12대 부회장

부응규 | 제9대 제주지부장, 제12대 이사

강영한 | 제12대 부회장

박명호 | 제12대 법제이사

심기수 | 제12대 이업종이사, 대한안우회 총무

전일혁 | 제12대 경기지부장

김용식 | 제14, 15대 강원지부장

이 자리는 안경사라는 직업이 탄생되기까지 얼마나 많은 노력이 있었는지 회고하기 위해 마련되었습니다. 1987년 10월 30일 국회에서 통과된 의료기사법, 즉 안경사법(안경사 관련 조항) 개정의 불합리한 문제를 해결하기 위해 1989년 9월 28일 '개정된 안경사법 반대 및 안경사 국가자격시험 거부 전국결의대회'가 열렸습니다. 대한안경인협회는 김태옥 회장은 물론이고 대책위원이던 각 시도지부장, 일선의 분회장 등의 노력으로 안경인들이 원하는 방향으로 법률이 개정되었습니다. 당시 상황을 회고해주십시오.

이재신 김태옥 회장을 포함하여 우리 모두 당시 법 개정을 관철시키기 위해 불철주야로 노력했습니다. 밤 새워 개정 내용을 정리하는 등 엄청난 노력을 기울였습니다. 당시 모법인 의료기사법, 즉 안경사법과 시행령 및 시행규칙은 우리 안경사가 안과의사들 손에 휘둘리는 것이었습니다. 특히 법 시행 전 법률 개정은 너무도 벅찬 일이었기에 아무도 회장 자리를 맡지 않았습니다. 그때 김태옥 회장이 과감히 회장 자리를 맡아 업무를 진행했습니다.
그 결과 만 6세 이하만 안과의사 처방을 받고, 그 이상의 아동과 청소년 및 성인은 안경사가 시력검사를 할 수 있도록 법을 개정했습니다. 전국에서 모은 많은 자금과 시간 등 모든 것을 투자하여 우리 뜻을 관철시킨 것은 지금 생각해도 정말 잘한 일입니다. 대책위원이던 각 시도지부장들은 김태옥 회장의 계획과 지시에 따라 움직였을 뿐입니다. 전체 안경인과 협회의 에너지를 한곳에 모아 일사분란하게 움직이도록 모든 것을 주도한 김태옥 회장이 있어 법 개정이 가능했습니다.

부응규 김태옥 회장과 모든 안경인이 공들여 결국 법 개정에 성공한 것은 죽어도 잊지 못합니다. 안경인이 제도권에 들어가게 된 정말 감격스러운 일이었습니다. 당시 상황을 살펴보면 안경사법이 없었기에 항상 의료법 위반이라는 문제를 안고 살았습니다. 실례로 1989년 초반 제주 안경인 전부가 의료법 위반으로 입건되는 사태가 발생했습니다. 당시 집행부에 이 일을 해결 못하면 전국의 안경인들을 고발하겠다고 협박까지 했고, 협회가 내려와 무마시켰습니다. 이 일로 인해 안경사법의 중요성을 절실히 깨달았습니다.

이런 차에 김태옥 회장이 9대 회장에 취임하여 9.28 전국결의대회와 법 개정을 위해 적극적으로 업무를 추진했습니다. 원래 협회는 회장을 포함한 임명직 이사와 지부장이란 두 기둥이 회원을 이끌면서 업무를 추진합니다. 그렇기에 9대 집행부와 우리는 법 개정 방안 중 하나로 국회의원 서명을 앞장서서 받았던 것입니다. 김태옥 회장 이전 협회 임원과 범안경인대책위원회 위원 중에는 도매상 출신이 많아 우리 소매 안경인 출신과 자주 대립하여 업무추진에 고충이 있었습니다. 이런 연유로 정책이나 업무 추진이 어려운 상황에서 김태옥 회장이 추대되면서부터 협회가 일사불란하게 움직이고, 나도 업무에 흥이 나 9.28 전국결의대회 날 제주 안경인 전체를 대동하고 비행기를 전세 내어 88체육관에 모였습니다. 정말 멋진 시기였습니다.

이재신 · 부응규 당시 이홍원 8대 회장과 집행부가 총사퇴하여 지도부가 공석이 되어 정책과 업무추진에 공백이 생겼습니다. 이 공백을 신속하게 메우고 법 개정을 해결하기 위해 서울시지부 김경화 회원을 회장에 추대했는데 며칠 만에 고사했습니다. 이후 김태옥 회장이 추대되어 기나긴 투쟁 끝에 안경사법을 개정한 것은 신의 도움이 아니었나 싶습니다.

김용식 당시 저는 일반 회원이었지만 강원도 강릉에서 결의대회 장소인 88체육관에 참석하여 안경사법 개정에 작은 힘이나마 보태 행복했습니다. 강릉지역의 모든 안경인은 김태옥 회장이 지부궐기대회 때 안경사법 개정의 필요성과 안경인의 신분법제화의 중요성을 역설한 데 공감하고 참석한 것입니다.

강영한 개인적으로는, 막역한 관계이던 모 국회의원을 만나 "안경사법 개정을 이루어주면 평생 은인으로 모시겠다"고 설득하여 국회에서 제안 설명을 하게끔 만들었던 노력을 알아주지 않아 좀 서운했습니다. 이 일과 별개로 김태옥 회장을 제외한 당시 협회장 및 집행부는 남대문에서 도매상을 하던 안경인들이어서 제조와 도매상에게 유리하게 업무를 추진하여 반감이 많았습니다.

전일혁 안경사법 개정 당시 저는 안양시 분회장이었습니다. 회원과 비회원으로 나뉘던 시절이었는데, 비회원은 안경사법 제정 자체를 반대하는 추세였으나 안경사 면허증을 갖는다는 것은 너무나 중요하고 절체절명의 과제였습니다. 이 어려운 시기에 김태옥 회장이 취임하여 회원, 비회원을 가리지 않고 강력하게 업무를 추진했습니다. 안양분회 회원들도 버스를 대절하여 결의대회에 참석하고, 국회의원을 접촉하여 서명을 받는 등 모든 노력을 총동원했습니다. 다행히 많은 국회의원이 우리 뜻에 동참해주었습니다. 그런데 어렵게 만든 법을 잘 활용하지 못하고 내분으로 안경사법이 후퇴한 일은 두고두고 안타깝습니다.

부응규 현재 협회가 소유한 안경회관 내 안경사 제도에 기여한 안경인을 기재한 동판을 보면 참 어이가 없습니다. 안경사 제도의 탄생은 김태옥 회장을 비롯한 9대 집행부와 각 시도지부장 및 분회장 등이 발벗고 나섰기 때문에 가능했습니다. 김태옥 회장은 취임 당시 "안경회관을 팔아서라도 법을 만들어 달라"고 요청할 정도였습니다. 그런데 어찌된 일인지 후대로 내려오면서 이런 사실이 왜곡되고, 법 개정을 위한 투쟁 과정이 제대로 기술되지 못했습니다. 이런 상황을 하루빨리 바로잡아 올바른 안경 역사를 세워야 할 것입니다.
대책위원회는 협회 대의원총회 의결로 만든 것으로 협회 활동을 돕는 역할이었습니다. 시도지부장이 시도대책위원장을 맡았으니까요.

9.28 전국결의대회의 역사적 의의와 준비하면서 어떤 일들이 있었는지 알려주십시오. 또한 의료기사법 개정은 어떤 의미였나요?

부응규 김태옥 9대 회장이 취임한 후, 당시 협회 임원은 물론 각 시도지부장이 한 목소리로 안경인들의 숙원사업인 안경사 제도 도입을 꼭 이루어달라고 했습니다. 그만큼 절박했고, 기대감도 절정이었죠. 그래서 전 회원이 단결하여 우리 안경사에 길이 남을 결의대회까지 개최한 것입니다. 그날의 외침은 큰 감동을 주었고, 우리는 해낼 수 있다는 신념을 갖게 되었습니다.
안과학회는 강한 상대였습니다. 이들과 싸우기 위해서는 하위법이나 규정만으로는 어렵고, 의원 입법만이 방법이었습니다. 그래서 국회의원 서명날인 받아오기 정책이 시작되었습니다. 당시 국회의원 의석수가 280여 석이었는데 입법 동의서에 서명한 국회의원 수가 무려 235명이었습니다. 국회의원 정수의 80% 이상 입법 동의 서명을 받은 직능단체가 안경사협회 외에 또 있었을까요. 정말 대단한 일이었습니다. 각 시도지부장들의 헌신이 있었지만 항상 그 중심에 김태옥 회장이 있었습니다. 모든 일을 기획하고 회원과 지부장들을 독려하고, 신념을 잃지 말라고 다독였기에 해낼 수 있었습니다.

심기수 당시 제1회 안경사 국가자격시험을 전면 거부하기로 했는데 전체 안경인의 14%인 1천여 명의 안경인들이 시험 응시원서를 접수했습니다. 협회 임원과 일반 회원들이 감시를 했음에도 불구하고 몰래 응시원서를 접수하고 학교 담을 뛰어넘어 도망가고, 얼굴을 손으로 가리는 등 웃지 못할 해프닝이 많았습니다. 대다수 안경인을 배신하여 초창기에는 그들을 배척하려고도 했습니다. 이제 웃으면서 말하지만 당시로서는 매우 아픈 기억입니다.

부응규 의료기사법 개정안이 발표되고 얼마 지나지 않아 최성숙 교수 인솔로 서울보건대학 안경광학과 학생들이 제주도로 수학여행을 왔습니다. 그때 나는 학생들에게 "선배들이 결사 투쟁으로 이루어낸 길 위에 포장도 하고 멋진 색도 입혀 완벽한 길을 만드는 것이 여러분들의 몫"이라고 강조했습니다. 지금 생각하면 1989년 9.28 전국결의대회와 안경사법 개정, 그리고 12대 집행부 시절 유권해석 철회와 법률 개정 및 업권 수호를 위해 분투하다가 옥고를 치른 김태옥 회장이 우리 안경사들의 은인입니다.

"안경테는 공산품이므로 안경렌즈와 별도로 팔면 되지 않느냐"고 질의한 데서 비롯된 잘못된 유권해석 문제에 대해 말씀해 주십시오. 안경업계가 화합하고 이기주의를 버렸으면 세계에서 유례가 없는 훌륭한 제도가 탄생했을 텐데, 아쉽게도 그러지 못했습니다. 특히 1989년 안경사법(안경사 관련 조항) 개정 당시 "안경의 조제 및 판매 업무에 종사한다"는 입법 취지는 안경테와 안경렌즈는 한 몸과 같은 것으로 결코 분리해서 생각할 수 없는데도 불구하고 이런 유권해석이 나온 것은 불가사의한 일입니다.
김태옥 회장은 당시 매일 하루도 쉬지 않고 전국을 돌아다녔습니다. 김영삼, 김대중 등 정계인들과 만나는 것은 물론이고 신기하 국회 보건복지위원장을 만나 법을 바꿔준다는 약속을 받기도 했습니다. 이와 관련하여 전국 시도지부에서 유권해석 철회 궐기대회를 전개하고, 김태옥 회장을 포함 12대 집행부 임원과 지부장들은 어떤 노력을 기울였는지요?

박명호 당시 저는 30대로, 김태옥 회장을 멘토로 생각하고 열심히 활동했습니다. "안경테는 공산품이므로 자유롭게 판매할 수 있다"는 보건복지부 담당자의 유권해석을 철회하기 위해 보건복지부 이성호 장관은 물론 보건의료정책 담당자와 타 부처 관계자 및 관련 국회의원 등을 만나는 김태옥 회장의 활동 모습을 지근거리에서 지켜보았습니다. 이 일로 인해 김태옥 회장이 옥고를 치르는 등 어려운 일을 겪었는데도 불구하고 업계에서 냉대하는 모습을 보고 개인적으로 회의감을 느껴 사업에만 몰두하기도 했습니다. 김태옥 회장처럼 업계 일을 마치 자신의 일처럼, 강하게 추진하다 보면 적지 않은 문제가 발생하기 마련입니다. 속된 말로 협회장이 앞장서서 정책을 추진하다가 총알을 맞았는데도 남은 사람들이 아웅다웅 다투는 모습은 좀 충격이었습니다.

이재신 우리나라 안경 역사를 바로세워야 합니다. 그래야 후배 안경사들이 과거를 거울삼아 현재에 충실할 수 있습니다. "안경테는 안경사가 팔지 않아도 된다"는 질의는 김태옥 회장 이전인 11대 집행부에서 비공식이든, 공식이든 공문으로 질의하여 문제의 발단이 됐습니다. 이것이 사실이라면 참으로 애석한 일입니다. 정부 부처와는 어떤 문제이건 신중, 또 신중했어야 했습니다. 유권해석 철회를 위해 김태옥 회장이 보건복지부장관 부인인 박성애 여사에게 로비자금을 지급하여 뇌물공여 혐의로 구속되어 옥고를 치른 일을 반추해보면 협회가 추진하는 정책은 더욱 신중을 기해야 했습니다.

심기수　　지금 안경업계는 안경사들이 안경업계의 뿌리를 모르는 것이 문제입니다. 김태옥 회장의 책을 통해 후배 안경사들이 우리 안경역사를 제대로 알았으면 합니다. 저는 12대 때 신설된 이업종이사에 임명되었는데, 이업종이사 직책은 지금도 이어져 나름 자부심을 가지고 있습니다. 업계의 뿌리를 제대로 아는 작업은 반드시 필요합니다. 전 세계적으로 안경사 면허가 존재하지 않습니다. 이처럼 큰일을 해내고, 고생한 분들이 인정받도록 우리 안경사가 올바른 뿌리를 찾았으면 합니다.

김태옥 박사의 출간을 축하드리며

이광정
가천대학교 명예교수

덕인(德人) 김태옥 회장의 삶의 발자취이자 한국 안경사의 중요한 기록인 안경이 인생을 바꾸다 출간을 축하드립니다.

"늘 고요와 어둠에 둘러싸인 그때는 낮이 있는 줄을 몰랐다."

헬런 켈러는 어린 시절을 이렇게 회고했습니다. 그리곤 "내가 만약에 3일간 세상을 볼 수 있다면 무엇을 볼까?"라고 자문합니다. 그는 첫째 날 오후에는 사랑하는 친구들과 숲속을 산책하며 자연의 아름다움을, 둘째 날에는 밤이 낮으로 변하는 기적과 오후에 영화와 연극을 보고 싶다고 했습니다. 셋째 날에는 길거리에 오고가는 사람들을 보고 저녁에는 다시 연극회관으로 가고 싶다고 했지요.

눈은 마음의 거울이라고 합니다. 얼굴의 표지인 이목구비(耳目口鼻) 중에서 제일 먼저 눈에 띄는 것은 눈(目)이지요. 오래전 저는 시청각장애인을 위한 국어문법교과서를 쓴 적이 있습니다. 삼청동 시청각장애인학교 교정에는 300년이 넘는 중국에서 건너온 줄기가 하얀 소나무(白松) 한 그루가 있었습니다.

장애학생들의 눈과 귀가 되어주던 선생님 한 분이 "앞 못 보던 사람(장님)이 개안(開眼)하면 어떤 현상이 일어날까요?" "못 듣던 사람(귀머거리)에게 귀가 열리면 어떤 현상이 일어날까요?" 하고 물었습니다. "개안수술을 하여 눈이 열리면, 전에는 잘 다니던 길에서 넘어지고 여기저기에 부딪칩니다." "또 귀가 열리고 나니 세상이 온통 시끄러운 소음의 덩어리라 견디기가 어렵다"고 하더군요.

헬런 켈러가 어린시절을 회고하며 "늘 '고요와 어둠'에 둘러싸인 채 살던 그때는 낮이 있는 줄을 몰랐다"고 말했던 것처럼 평상인들은 인지할 수 없는 놀라움입니다.

글자를 모르는 사람을 '눈 뜬 장님'이라고 합니다. '글자의 눈-심안(心眼)'을 뜨게 해주신 분은 세종대왕이시지요. '사물을 보는 눈-안경'을 수많은 사람에게 나누어준 분은 김태옥 회장이십니다.

1995년 2월 저는 경원대학교(현 가천대학교) 학위수여식에서 김태옥 회장에게 박사학위를 수여했습니다. 그간 대학원장으로 훌륭한 인재를 많이 만났지만 그중 두 분이 오래도록 기억에 남습니다. 한 분은 일본에 사시는 도공 심수관 옹이고 또 한 분이 바로 김태옥 회장입니다. 김태옥 회장은 지난 가을에도 이천쌀 소비자로서 봉사하며 쌀을 보내주셨습니다.

개인의 삶이든 역사 기록물이든 책은 대단히 중요한 인간의 발자취입니다. 한국 안경 역사 중에서 가장 격심했던 격랑이 두 번 있었습니다. 모두 김태옥 회장이 안경사협회장을 하던 시기였고, 이것이 책을 출판하게 된 동기였으리라 생각합니다.

1989년 김태옥 회장님이 안경사협회장으로 취임할 당시는 조상

대대로 수십 년간 안경을 생업으로 살아온 사람들이 갑자기 안경사 자격시험을 치러서 합격해야만 생업을 계속할 수 있고, 불합격하면 당장 문을 닫아야 하는 긴박한 상황이었습니다. 이 법안은 다수의 생존권을 위협하는 위헌 요소가 있었고 김 회장님이 중심이 되어 설득과 투쟁을 하였습니다. 법안이 원안대로 통과되면 당시 1만5천 개나 되던 안경원의 80%가 안과의사들의 처분에 따라 폐업이 좌우되는 절박한 현실이었습니다.

불철주야 노력한 결과, 여야 국회의원의 만장일치로 "안경사가 시력검사와 안경의 조제 판매를 담당하는 의무와 책임을 가진다"라는 안경사 제도 법안이 통과되었습니다(1989. 12. 18). 한국 안경발전사에 첫 번째 획기적인 일입니다.

두 번째는 "안경사 아닌 자도 안경테를 판매할 수 있다"는 보건복지부의 유권해석(1994. 3. 15)이 큰 불씨가 되었습니다. 안경계는 미증유의 큰 혼란에 빠졌습니다. 이 해석에 따라 자신들의 이권에 편승한 안경업계 일부 내부인들과 이에 담합한 기업인들 때문에 김 회장님은 옥중생활을 해야 했습니다.

김 회장님은 옥중생활에서 무슨 생각을 하셨을까요. 비폭력주의자 마하트마 간디는 "약한 자는 절대 누군가를 용서할 수 없다. 용서는 강한 자의 특권이다." "'눈에는 눈' 식으로 하면 온 세상의 눈이 장님이 된다" 했습니다. 이 깊은 뜻을 김태옥 회장님은 일찍이 이해하셨나 봅니다. 속된 말로 '염불보다 잿밥'에 눈이 멀었던 동료들을 용서하고 화합하는 길을 선택했습니다.

오늘날 한국 안경학계는 OECD 국가 중에서도 선두그룹에 서 있고 안경사 양성과 안경산업의 유통질서가 세계적인 수준에 이르렀습니다. 인재를 길러내는 대학의 안경광학과에서는 2,000명 이상의 학생을 배출하고 이 중 1,000명 이상이 안경사 면허를 취득하여 안경업에 종사하고 있습니다. 국민 시력보건의 기본 토대가 완성된 것입니다. 근자에 일부 대학에서 통합과 축소 등의 변동은 있었으나 더욱 정예화되었습니다.

김태옥 회장님은 현재 시호비전그룹 회장으로 있으면서 대통령 직속 헌법기관인 민주평화통일자문회의 운영위원, 통일희망나눔재단 이사장, 국제라이온스협회 총재 및 의장, 대학의 교수부장 및 전임교수 등 우리 사회를 위해 수많은 사랑과 봉사를 실천하고 있습니다.

활발한 사회활동과 봉사정신을 인정받아 정부기관과 언론사 등 역량 있는 기관이 수여하는 상을 다수 수상했습니다. 그중 가장 첫째는 대한민국 정부가 수여한 제1회 국민 추천 국민 훈포장이겠지요.

미국 백화점의 왕 존 워너메이커는 "자기희생을 통해 사회에 공헌할 줄 아는 사람은 좋은 비누지만 어떻게 해서든 자기 것을 아끼려는 사람은 물에 녹지 않는 비누와 같다"고 했습니다. 헬런 켈러는 "맹인으로 태어난 것보다 더 불행한 것은 시력은 있으나 비전이 없는 것이다"라고 했습니다.

德人이란 아호에 맞게 세상을 살며 선행의 업덕을 높이 쌓은, 선비의 고을 성주가 낳은 큰 인물 김태옥 회장님을 존경하고 사랑합니다.

성덕용
수성대학교 안경광학과 교수

김태옥 회장님은 안경사협회장을 역임하면서 "안경사가 안경을 조제, 판매할 수 있다"는 안경사법을 여야 만장일치로 국회에서 통과하는 일을 주도하셨습니다. 이 법안은 안경사 제도의 초석이 되었고, 안경사라는 직업이 탄생했습니다. 안경사 제도가 없었다면 안경광학과도 없었을 것입니다.

참 리더인 회장님은 안경사 후배 양성에도 일등공신이십니다. 1991년 수성대학교 안경광학과를 설립하여 전임교수로 재직하던 당시 필리핀 검안대학과 자매결연을 추진하셨고, 여러 차례 실습용 기자재도 기증해주셨습니다. 2016년에는 3억5천만 원 상당의 기자재를 지원해주셨습니다. 앞으로도 안경업계 발전과 후학들을 위해 든든한 버팀목이 되어주기를 바랍니다. 저서 발간을 진심으로 축하드립니다.

박혜정
청암대학교 안경광학과 교수

대구 수성대학교(당시 신일전문대학) 전임교수로 부임하신 김태옥 회장님의 조교였던 저는 이후 학문에 정진하여 현재 안경광학과 교수로 재직하고 있습니다. 제가 교수의 꿈을 펼칠 수 있었던 것은 안경사 제도가 확립되었기 때문에 가능했습니다. 1989년 안경사법 통과를 위해 수많은 노력과 결의대회가 있었고, 그 중심에 회장님이 계셨습니다. 안경사 제도가 우리 안경 학문과 산업 발전에 얼마나 중요한지 교수가 되어 더 절실하게 깨달았습니다. 또한 김태옥 회장님은 청암대학교에 특강을 해주시고 실습 기자재 지원도 아끼지 않으셨습니다.

제가 감히 축하드릴 수 있는 입장인지는 모르겠으나 안경사 겸 제자로서 깊이 존경하고 감사하는 마음을 꼭 전하고 싶습니다. 출간을 축하드립니다.

김태옥 박사의
열정 이야기

대한안경인협회 제9대 회장

직업 안경사의 길 열다

1 1989년 9월 28일, 안경사법 반대 및 안경사 국가자격시험 거부 전국결의대회가 열린 서울 88체육관. 대회사 모습

2 두 손을 번쩍 들어 1만5천여 안경인의 호응을 이끌어내는 김태옥 회장

3 김태옥 회장 내외가 국기에 대한 경례를 하며 결의를 다지고 있다

4 뜨거운 함성을 들으며 대회장으로 올라가는 김태옥 회장

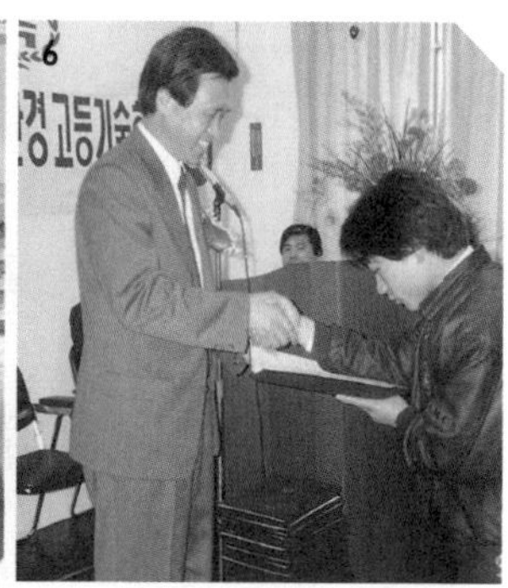

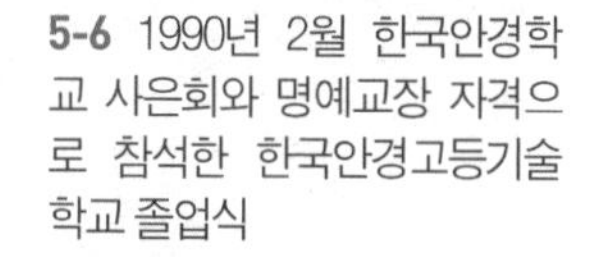

5-6 1990년 2월 한국안경학교 사은회와 명예교장 자격으로 참석한 한국안경고등기술학교 졸업식

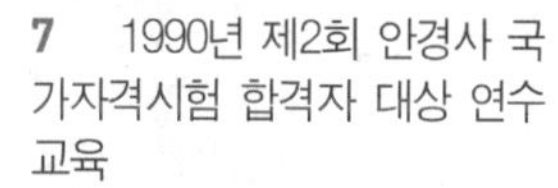

7 1990년 제2회 안경사 국가자격시험 합격자 대상 연수교육

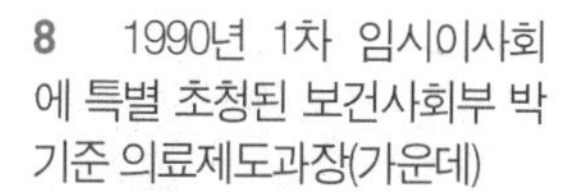

8 1990년 1차 임시이사회에 특별 초청된 보건사회부 박기준 의료제도과장(가운데)

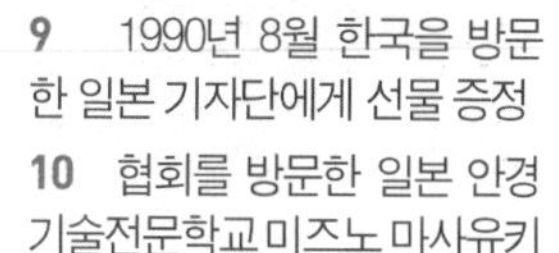

9 1990년 8월 한국을 방문한 일본 기자단에게 선물 증정

10 협회를 방문한 일본 안경기술전문학교 미즈노 마사유키 회장과 환담 중인 김태옥 회장

11-12 1990년 3월 1990년 3월 제16차 정기대의원 총회, 전국결의대회를 기념하기 위해 9월 28일 '안경사의 날'로 제정하는 김태옥 회장

13-14 1990년 9월 각 시도지부 창립총회 개최

15 1990년 9월 28일 대한안경사협회 창립총회

16 1990년 9월 28일 대한안경사협회 창립총회에서 김태옥 회장(왼쪽)과 배동진 안경사

대한안경사협회 제12대 회장

안경사의 위상을 높이다

1-2 1995년 2월 제12대 회장 취임식

3-5 1995년 4월 대구를 시작으로 유권해석 철회를 위한 업권수호 궐기대회 개최

6 1995년 3월 부산 파라다이스호텔 회장단 · 시도지부장 연석회의 참석

7 1995년 4월~6월 업권수호 궐기대회 개최

8 1995년 4월 대구 궐기대회를 방문한 노태우 전 대통령 아들 노재헌 씨와 김태옥 회장

9 1995년 8월 이성호 보건복지부 장관에게 소년소녀가장 및 생활보호대상자를 위한 무료 안경티켓 기증서 1만 매(5억 원 상당) 전달

10 1996년 6월 독일 뮌헨 WCO(세계검안사대회) 총회 참석

11 1995년 9월 28일 안경사의 날, 서울 명동에서 연예인과 함께 가두캠페인 모습

12-15 2000년 8월 광복절 특사로 사면복권, 한국안경사경영자클럽 회장 윤태환 경기지부장이 마련한 축하연

Sight First(시력우선봉사), 라이온스 활동

1-4 1986년 6월 신라호텔 서울동도라이온스클럽 회장 취임식
5 2010년 4월 대의원총회 총재 당선 **6** 2010년 5월 총재 당선 축하연

국제라이온스협회 354(한국)-C(서울) 총재

나누는 기쁨, 함께하는 세상

1 2010년 6월 호주 시드니 교민을 위한 음악회 자비로 개최

2 2010년 8월 사랑의 안경 봉사(경북 성주 초전면)

3 2010년 11월 나누는 기쁨, 함께하는 세상 축제, 스마일카드 이벤트에 참가한 오세훈 서울시장과 김태옥 총재

4 2010년 11월 '나누는 기쁨, 함께하는 세상 대축제'에서 오세훈 서울시장에게 헌혈버스 기증

5 2010년 11월 제49차 대만 까오슝 동양 및 동남아 라이온스 대회 참가

1-2 2010년 11월 국제라이온스협회 시드 스크럭스 회장 부처 354-C지구 공식 방문
3 2011년 3월 순천향대학교 명예경영학박사 영득 기념 사랑의 쌀 전달
4 2011년 3월 일본 지진 피해 복구 성금 3천만 원 KBS에 전달
5 2011년 3월 서울시(시장 오세훈) 1억 원 기부(희망플러스 꿈나래통장)
6 2011년 5월 중랑구청(구청장 문병권)과 국제라이온스협회 354-C지구 자매결연 협약식

나누는 기쁨, 행복한 세상

1 2011년 5월 354복합지구 총재협의회 의장 당선 선포
2 2011년 6월 나눔국민운동 출범식 **3-6** 2011년 7월 시애틀 제94차 국제라이온스협회 국제대회 참가기념 한국전쟁 참전용사를 위한 음악회 자비로 개최

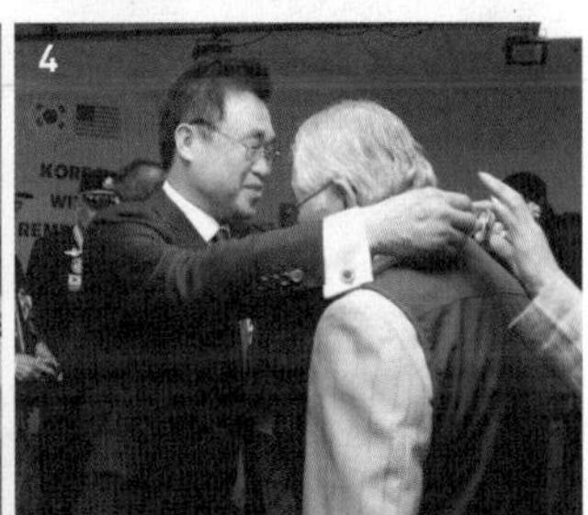

1 2011년 8월 수해지역 위로 방문

2 2012년 5월 기아 대책 보훈병원 치료비 전달식

3 2011년 10월 나눔과 기부 문화 확산 위해 IBK기업은행과 MOU 체결

4 2011년 11월 말라리아 예방, 식량지원 자선 골프 대회 개최

5-6 2012년 5월 윙쿤탐 국제라이온스협회 회장 공식 방한

1 2008년 11월 대한노인회(회장 이심부)사랑의 안경 전달

2 2009년 12월 이천시 무료 안경 증정

3 2012년 5월 가정의 달 사랑의 안경 봉사

4 2013년 6월 호국 보훈의 달 이천시(시장 조병돈) 사랑의 안경 봉사

5 2014년 12월 이천시(시장 조병돈) 사랑의 연탄 기증

1-2 2014년 12월 서울시 중랑구 신내동 사랑의 연탄 나눔
3-4 2016년 11월 나차긴 바가반디 몽골 제2, 3대 대통령 서울동도라이온스클럽 명예회원 입회식 **5** 2017년 11월 대만 대북시역행사자회 주년 행사 축하 연설

삶의 방식을 가르쳐준 태권도

1

Invitation seat

"태권도 정신은 봉사로 통한다"

나눔경영 실천하는 영원한 태권도인 (주)한국옵티그마 회장 김태옥 박사

Taekwondo spirit is connected to dedication to society

2

Invitation seat

1-2 국기원 발행, 태권도 해외 홍보판 기사

3 2005년 엄운규 국기원장으로부터 9단증을 수여받고 있는 김태옥 회장

통일희망나눔재단 이사장

북한 이탈주민에게 밝은 빛을 선물하다

1 2014년 3월 하나원 MOU 체결

2 2014년 4월 하나원 안성 안경 봉사

3 2015년 4월 통일희망나눔재단과 청소년금융교육협의회(회장 김종창) 업무 협약식

4 2015년 7월 청소년 시력 보존 안경봉사 협약식

1-2 2016년 2월 설맞이 쪽방촌 떡국나눔 행사(하나원, 라이온스클럽, 통일희망나눔재단)

3 2016년 5월 통일기원 울릉군 시력봉사

4 2016년 12월 하나원 시력봉사

5-6 2017년 5월 IBK기업은행과 북한이탈주민 및 독거노인을 위한 통일희망나눔 음악회

박사학위 영득 및 최고경영자과정 활동 등

쉼 없이 배우고 교류하다

1 1981년 고려대 경영대학원 졸업식 축하연, 김우중 회장 부부와 김태옥 회장

2 1981년 5월 주래등 개업식 오탁근 법무부 장관과 유세환 고대 경영대학원장

3 1995년 2월 가천대학교(김원섭 총장) 행정학 박사학위 수여식

4 1995년 4월 연세대 최고경영자과정 행사에 참석한 노태우 전 대통령

5 1998년 1월 IMI 전경련 국제경영원 졸업식

1-2 2006년 6월 한양대 최고엔터테인먼트 과정 주최, 원대연 제일모직 사장과 함께한 박윤수 디자이너의 CEO 패션쇼

3 2002년 9월 한국체대 최고경영자과정 졸업식

4 2008년 7월 세종대 최고경영자과정 졸업식, 총장으로부터 감사패

5 2006년 7월 카이스트 테크노경영자 과정(AIM) 총회장으로 24기 수료식 참석

1 2008년 9월 환경재단 기후변화센터 고건 전 총리와 함께
2 2009년 12월 카이스트 최고경영자과정 회장 당선, 총장과 함께
3 2008년 9월 세종대학교(총장 양승규) AGMP 교수부장 임명장 수여식
4 2010년 5월 연대 최고경영자과정 총동창회장 취임식
5 2010년 12월 연대 최고경영자의 밤

1-2 2011년 2월 순천향대학교 명예경영학 박사학위 수여식과 사랑의 쌀 보내기

3 2010년 12월 카이스트 최고경영대상

4 2011년 5월 순천향대학교 덕인 김태옥 시호강의실 현판식

5 2011년 12월 연세 최고경영대상 시상식

1 2010년 3월 이천시 명예시민 위촉식

2 2014년 4월 한국자유총연맹(총재 김명환) 고문 위촉식

3-5 2014년 6월 IBK기업은행(은행장 권선주) 명예홍보대사 위촉식

6 2010년 3월 순천향대학교 건강과학대학원 CEO과정 총동창회장 이·취임식

1-2 2013년 6월 청와대 영빈관. 민주평화통일자문회의(의장 박근혜 대통령) 제16기 운영위원 임명장 수여식

3-4 2015년 6월 제17기 운영위원 임명장 수여식

수상의 영예

지식경영을 인정받다

1-2 2008년 12월 연세최고경영대상 시상식

3-4 2010년 12월 2011 포춘코리아 한국경제를 움직이는 인물 40인 선정

제1회 국민이 직접 추천하는 국민 훈포장 수상

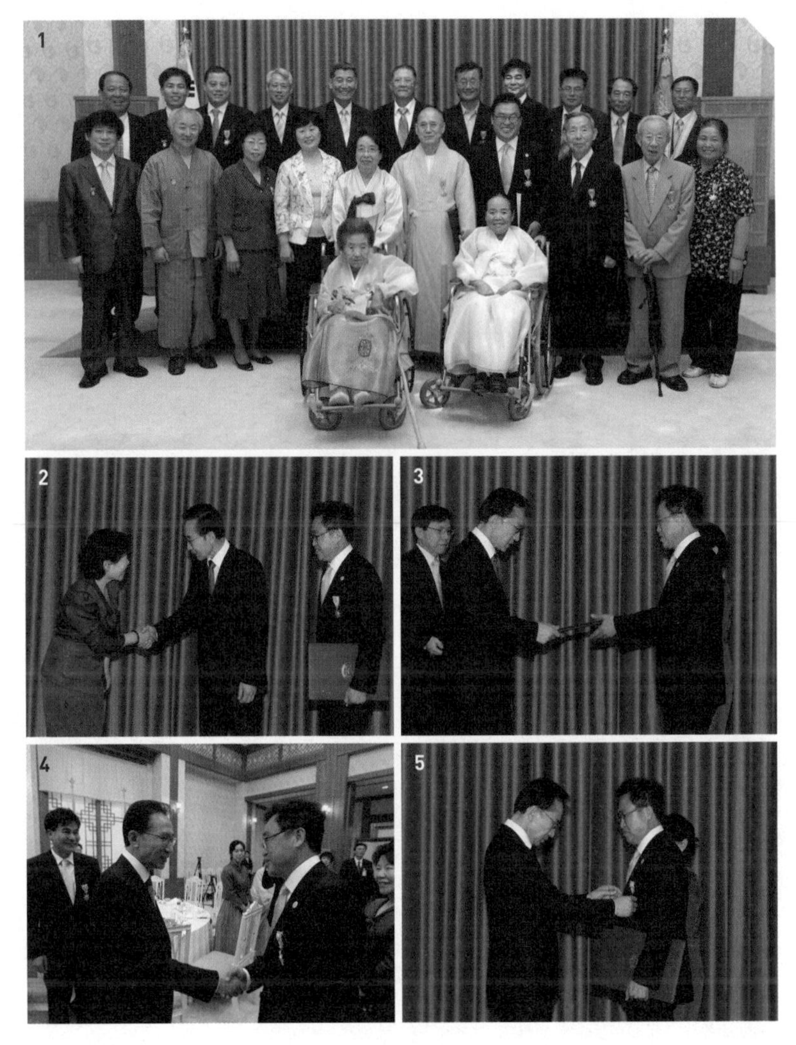

1-5 2011년 7월 제1회 국민추천 국민 훈포장 친수식, 청와대 영빈관

안경사라는 직업을 만든 사람

초판발행 2017년 12월 18일

지은이 김태옥
발행인 김재형
편 집 권순주 유승남
디자인 전혜리 김종진

발행처 도서출판 에이피피커뮤니케이션즈
출판등록 제2-2327호
주소 서울특별시 중구 퇴계로42길 26, 2층 201호
전화번호 02-2264-8355
전자우편 app@appcomm.co.kr

ISBN 978-89-963555-1-9